미국에서 자신 그리고
다른 사람들을
서서히 죽이는 방법

How to Slowly Kill Yourself and Others in America
Copyright © 2013, 2020 by Kiese Laymon
All rights reserved including the rights of reproduction
in whole or in part in any form.

Korean Translation Copyright © 2025 by GYOYUDANG Publishers
This translation is published by arrangement with Janklow & Nesbit(UK)
Ltd,. through Imprima Korea Agency

이 책의 한국어판 저작권은 임프리마 에이전시를 통해 Janklow & Nesbit(UK)
Ltd사와의 독점 계약으로 (주)교유당에 있습니다. 저작권법에 의해 한국 내에서
보호를 받는 저작물이므로 무단 전재와 복제를 금합니다.

미국에서 자신 그리고 다른 사람들을 서서히 죽이는 방법

키에스 레이먼 지음
이은주 옮김

교유서가

두 모습의 지미 삼촌에게 바칩니다

작가의 말 #2

어제, 『헤비: 어느 미국인의 회고록 *Heavy: An American Memoir*』을 같이 읽는 온라인 북클럽에 참석했다. 링크를 클릭해서 줌에 접속하니 서쪽으로 멀게는 라스베이거스, 동쪽으로 멀게는 롱아일랜드에서 참석한 픽셀화된 아름다운 흑인 여성 일곱 명의 얼굴과 목, 어깨가 보였다. 서로 허물없이 친한 모습으로 보아 다들 학교를 같이 다닌 것 같았다. 그런데 그분들의 말로는 팬데믹 초창기에 처음 만난 사이라고 했다. 이들 일곱 여성은 원래 2천 명으로 이루어진 북클럽의 회원이었는데, 말 못할 이유로 회원 수가 백 명으로 쪼그라들었다. 그러다 결국 일곱 여성이 자기들끼리 온라인 북클럽을 만들기로 한 것이다.

참가자가 전부 들어오고 십 분쯤 대화를 나누었을 무렵, 줌 관리자는 그들 모두가 몇 주 전 시카고에서 오프라인으로 만났다고 말했다.

나는 혼란스러워졌다.

"몇 주 전이면," 나는 기름기로 번들거리는 컴퓨터 스크린에 대고 말했다. "여전히 코로나가 한창이던 때인데요."

그러자 여성 중 한 명이 대답했다. "우리는 2주간 자가 격리를 했어요. 그런 뒤에 다들 시카고로 가서 팬데믹중에 관리자와 같이 지냈죠."

"잠깐, 잠깐, 잠깐만요. 그러니까 여러분 모두 북클럽 때문에 그 위험을 무릅썼다고요?"

일곱 여성은 서로를 쳐다보더니 시원한 웃음소리로 주위를 가득 채웠다. 눈에는 눈물이 찔끔 고였고, 환한 미소와 웃음이 진동했다.

그들은 책으로 우정이 맺어질 수 있는 근본적인 가능성에 모든 것을 걸었다.

이해가 갔다.

나는 스물여덟 살에 저작권 에이전트도 없는 상태에서 첫번째 출판 계약을 제안받았다. 내 작품에 관심을 보이는 편집자를 만난 적은 없었지만, 모든 편집자가 그들이 존중하는 작품을 쓴 작가들과 친해지고 싶어할 거로 생각했다. 나는 분명 나를 존중하는 편집자와 몹시 친해지고 싶었다.

이 편집자가 결코 내 친구가 아니라는 사실을 거의 10년은 늦게 깨달았다.

부끄럽게도 나는 출판업계에서 한 번도 나를 친구라고 부르지 않은 사람들과 친하다고 착각하는 이 행태를 반복할 것이다. 출판업계와의 관계 맺기에 실패하는 동안 내가 조금이나마 잘한 일이라고는 읽고, 쓰고, 다시 읽는 것뿐이었다. 『가장 파란 눈The Bluest Eye』을 다시 읽고서 사람들이 내가 보지 못한다고 말한 것들을 존중하는 법을 배웠다. 『단지 흑인이라서, 다른 이유는 없다The Fire Next Time』를 다시 읽고는 미국 사회에서 사랑이라는 성가신 일을 가치 있게 여기는 법을 배웠다. 『새로운 영토를 향해Going to the Territory』를 다시 읽으며 '인간(human being)'이 동사라는 걸 배웠고, 『킨Kindred』을 다시 읽으면서는 내 건장한 흑인의 신체를 한낱 구경거리에서 벗어나 이리저리 들여다볼 필요가 있는 생산적인 공간으로 끌고 들어가는 법을 배웠다.

성인이 되고 나서 생긴 친구는 모두 책으로 사귀었을 뿐 아니라, 말 그대로 상상 속에서 만난 작가와 글에서 근본적인 우정을 발견했다. 피콜라 브리드러브(『가장 파란 눈』의 주인공 – 옮긴이), 니컬러스 스코비(시인 폴 비티의 첫 소설 『The White Boy Shuffle』의 등장인물 – 옮긴이), 에슈(제스민 워드의 소설 『바람의 잔해를 줍다Salvage the Bones』 속 화자 캐릭터 – 옮긴이)는 나의 가장 친한 친구들이었다. 「아몬틸라도의 술통The Cask of Amontillado」의

처음과 마지막 문장은 어딘가 수상쩍은 백인 친구들이었고, 토니 케이드 밤바라와 리처드 라이트는 엄청난 멘토 같은 친구들이었다. 나는 내 친구들과 함께 걸었고, 함께 이야기를 나눴다. 우리는 서로의 집에서 수많은 시간을 보내며 서로의 깊은 속마음을 배회했다.

이 책을 쓰기 시작한 것은 2007년 7월 지미 삼촌이 세상을 떠난 바로 다음 주부터였다. 처음에 정한 제목은 '가석방On Parole'이었다. 이 책에 수록된 에세이의 절반가량은 뉴욕주 포킵시의 교직원 아파트에서 누운 채로 썼고, 〈차가운 음료Cold Drank〉라는 블로그에 그 글을 올렸다. 지미 삼촌에게 글을 쓰게 된 이유는 삼촌의 유령이야말로 유일하게 내가 스스로 만들어낸 부끄러움이라는 불타는 텐트의 모양새를 이해할 수 있을지도 모르겠다고 생각해서였다. 나는 삼촌 앞으로 쓴 에세이 「우리는 절대 알 수 없겠죠We Will Never Ever Know」로 책의 마지막을 맺고 싶었다. 이 책이 현재에서 그 기원으로, 거슬러올라가듯 읽히기를 원했다.

그런데 한 가지 문제가 있었다. 바로 내가 '지금'을 두려워한다는 점이었다. '지금'은 추하게만 보였다. 마치 나처럼.

나는 책의 문단과 장, 그리고 죽은 작가들과는 점점 더 친밀한 관계를 나눴지만, 인간으로 존재하는 데는 갈수록 더 서툴러졌다. 2009년 뉴욕의 어느 쌀쌀한 날 저녁, 좋아하던 친구에게서 나야말로 평소 내가 너무 싫다고 떠들어대던 그 인간형이라는 말을 들었다. 근본적인 우정의 가능성을 기어이 난도질해야만 직성이 풀리는 그런 유의 친구라고 말이다. 미국의 괴물들이, 미국의 살인자들이, 미국의 사기꾼들이, 미국의 친구들이 흔히 그러듯이 나는 이 진실과 무엇보다도 책임에 맞서 자신을 변호했고, 그 친구가 나 못지않게 그야말로 몹쓸 인간이 된 기분을 느끼게 하려고 애썼다. 그날 밤 잠 못 이루던 나는 평생 처음으로 이런 문장을 썼다. "나는 나 자신 그리고 가까운 사람들을 서서히 죽이고 있다."

『미국에서 자신 그리고 다른 사람들을 서서히 죽이는 방법』의 초고에서 마지막을 장식한 에세이는 「너는 두번째 사람」이었다. 그 에세이는 책에서 유일하게 실제 그 글이 어쩌다 탄생하게 되었는지 거침없이 파헤친 작품이었다. 「너는 두번째 사람」으로 책을 마무리하고 싶은 생각은 추호도 없었지만, 책 출판에 실패한 뒤로 내가 이 세상의 어디쯤 있으며 왜 있는지를 적극적으로 쓰겠다는 의지를 발휘하지 못했다.

나는 이 책이 끔찍한 것과 즐거운 것, 지적인 것과 일상적인 것, 공적인 것과 사적인 것, 어설프게 파괴적인 것과 온전히 고결한 것이 공존하는 장이 되기를 원했다. 일반적인 '문학' 독자를 상정하기보다는, 책 읽기를 좋아하지 않는 친구들과 그런 감성을 가진 집단, 그리고 책 읽기가 직업인 친구들과 그런 감성을 가진 집단을 상대로 글을 씀으로써 전통적인 문학의 형식과 궤도에 이의를 제기하고 싶었다. 다채롭고 풍부한 깊이와 유머로 미국 인간 사회의 무분별한 체제를 파헤치는 작품을 만들고 싶었다. 이 나라의 상당 부분이 다문화주의와 탈인종주의, 그리고 무엇보다 결백함을 내세우는 데 허겁지겁했기에 더더욱 그랬다. 나는 케케묵은 미시시피 블루스의 정신이 담긴 자기 반성적인 책을 만들고 싶었다. 앉은자리에서 첫 페이지부터 마지막 페이지까지, 마지막 페이지부터 첫 페이지까지 단숨에 읽을 수 있고 진정으로 귀기울여 들을 수 있는 책을 원했다. 독자들이 수록된 에세이들을 통해 우리가 사랑한다고 공언하는 이들을 더 제대로 사랑하려고 열심히 노력하는 동시에, 이 텍스트에 대한 응답으로 각자의 예술을 만들어내기를 원했다. 물론 무엇보다 어려운 부분은, 내가 그저 작가가 아니라 문학작품 속 가상의 친구들과 현실의 실제 친구들이 내 잘못을 용서하고 위험을 무릅쓸 만한 가치가 있는 사람이 되기를 원했다는 점이다.

 이 책의 판권을 되사서 내 머릿속에 늘 그렸던 그림대로 수정한 뒤 재출간하는 문제와 관련해 출판사에 연락했을 당시 나는 마흔두 살이었다. 비즈니스 관계에서 싹트는 고결한 우정이라는 걸 믿기에는 너무 많은 나이였지만, 그때까지도 여전히 나는 예술 작업을 함께한 사람들을 친구로 생각했다. 여전히 우리가 돈을 벌어다주는 백인들이 우리에게 우정, 혹은 최소한 한줌의 진실성이라도 있는 관계를 빚지고 있다고 생각했다. 여전히 나 자신이 사랑한다고 주장하던 친구들에게 해주는 것보다 출판업계에서 일하는 백인들이 나에게 더 잘해주기를 구걸했다.

오늘, 우리 평생 가장 많은 죽음에 둘러싸인 여름이 한창인 이때, 나는 출판사로부터 초기작 두 편의 판권을 되사서 수정하고 재출간할 수 있게 되었다. 출판사가 그 책들에 처음 지급했던 금액의 열 배를 치렀다. 지금 나는 빚, 보상, 복수, 찌꺼기, 그리고 이 일로 줄줄이 야기되어 감내해야 했던 수모 따위의 생각으로 가득하다. 내가 우정이라는 무거운 부담을 줬던 출판업계 사람들에게 다시는 쓸데없는 말을 할 필요가 없는 상태에 이르렀다는 걸 다행으로 생각한다. 지금까지의 출판 경험이 힘들고 괴로웠던 만큼, 현재 예술 작업을 함께하는 사람들과는 근본적으로 애정어린 우정을 나누고 있다.

그건 수정 작업 덕분이었다.

이 수정본은 2020년 현재 내가 실제로 글을 쓰고 있는 이곳, 미시시피에서의 이야기로 시작한다. 반면에 책을 읽는 독자는 나에게는 항상 끝이기도 한 이야기의 시작점으로 거슬러올라가기를 바란다. 하지만 중간 부분―모든 수록 에세이와 앞서 말한 현실과 가상 속 모든 우정이 한창 진행되는 중반부― 이야말로 진짜 알맹이를 찾을 수 있는 곳이다. 여러분이 이 수정된 작품에 가득한 근본적인 가능성과 알맹이를 찾기를 바란다.『미국에서 자신 그리고 다른 사람들을 서서히 죽이는 방법』의 초판을 쓰는 과정은 문자 그대로나 문학적인 의미로나 나를 미시시피로 다시 데려다놓았다. 고향 미시시피로 온 덕분에 『헤비』를 마무리할 시간을 얻었다. 이 책의 개정판에는 내가 미시시피에서 현재 우리가 얻은 자각에 관해 쓰는 내용이 나온다. 에세이들의 움직임은 회한과 환락으로 채색되어 있다. 책의 모든 수록작은 각기 다른 형태와 속도로 구성되었으며, 우리 할머니와 할머니 세대의 미시시피 흑인 여성들에게 보내는 주홍빛 송가가 덧입혀졌다. 책은 미시시피주 북부에서 뉴욕주 북부, 펜실베이니아, 오하이오, 미시시피주 중부까지 반시계 방향으로 배경을 옮기며 거꾸로 움직인다. 그리고 이야기는 종잡을 수 없이 기묘한 중년기부터 시작하여, 지나치게 달콤한 꿈에서 비롯된 외로운 협업으로, 또 미국 사회가 흑인 아이들과 노인들에게 무겁게 부과한 책임의 유해성으로 나아간다. 이 에세이들에 담긴 바람은 우리가 용기와 건전한 선택에 뿌리를 둔 근본적인 우정을 얻는 것이다. 내게 용기가 있을 때는 건전한 선택이 부족한 경우가 많았다. 건전한 선택을 했을 때는 용기가 부족한 경우가 많았다. 건강하지 않은 업무 관계를 끝내고 근본적인 가능성에 마음을 여는 것은 미국 사회에서 우리 자신 그리고 다른 사람들을 효과적으로 치유하는 한 가지 방법이다. 내 책들에 대한 권리를 확보하고 그것을 수정하여 원래 원하는 방향으로 출간하는 일은 내가 나의 작품과 나의 몸과 나의 미시시피를 위해 할 수 있는 가장 애정어린 행위이다.

 동시대 생존 작가 누구라도 그들 자신이나 다른 사람들이 삶을 받아들이는 데 도움을 준 예술 작품에 대한 권리를 확보하기 위해 앞서 받았던 돈의 열 배를 내야 하는 일이 없기를 바란다. 다른 건 몰라도 최소한 모든 생존 작가가 수정 작업이 지닌 험준한 위엄에 대한 믿음을 끝까지 지키기를 바란다.

 나는 그 모든 게 끝나기를 원했다. 그 모든 건 끝나야 했다. 그래서 수정하고, 또 수정했다. 그렇게 그것을 끝냈다.

 포기하지 않았고, 도움을 받아들였으며, 어제의 굴욕감과 내일의 불가피한 두려움에 압도되지 않은 나 자신이 자랑스럽다. 이 문장은 이제껏 내가 써본 가장 어려운 문장이다. 책으로 우정이 맺어질 수 있는 근본적인 가능성 여럿 중 하나, 이것이 바로 『미국에서 자신 그리고 다른 사람들을 서서히 죽이는 방법』이다.

2020년 8월 31일
키에스 마케바 레이먼

"자유로워지려는 사람은 모든 비밀을 털어놓지 않는다."

_이마니 페리

차례

작가의 말 #2 _7

1부 　미시시피: 2주 만의 각성 _21
2부 　나만의 충성 맹세 _63
3부 　스토리텔링의 기술(프리퀄) _81
4부 　옥스퍼드 사람들의 방식 _99
5부 　안녕, 엄마:

　　　이메일로 쓴 에세이 _129
6부 　메아리: 마이클, 다넬, 키에스, 카이, 말런 _149

7부 　디안드레 브라운과의 백일몽 _173

8부 　너는 두번째 사람 _193

9부 　남부 흑인 소년을 훔쳐 간 힙합 _217

10부 　웃기는 우리 족속 _239

11부 　미국에서 자신

　　　 그리고 다른 사람들을 서서히 죽이는 방법 _257

12부 　최악의 백인들 _283

13부 　우리는 절대 알 수 없겠죠 _299

1부

미시시피: 2주 만의 각성

1일

미국인 22명이 코로나바이러스로 사망했다. 도널드 트럼프는 트위터에 이렇게 쓴다. "백악관에서는 더없이 체계적이고 세세하게 조율된 코로나바이러스 대응 전략을 마련해놓았습니다."

친한 작가이자 과학자인 조 오스먼드슨에게서 작가 프로그램 협회(Association of Writers Programs)에 참석하지 말라는 연락이 온다. 피곤해서 참석하기도 싫고, 참석비도 받지 못할 콘퍼런스다. 조는 문자에 이렇게 쓴다. "정부는 이 문제에 대해 너무 뒤처져 있어. 우리 사회의 전문가들이 우리가 가진 최선이야. 이 문제 해결을 위해 힘쓰는 여러 친구와 얘기해봤는데, 그들은 상당히 믿음이 가거든."

"거기 가야 할까?" 나는 그에게 묻는다.

"우리가 이러는 건 '우리' 자신을 위해서가 아니야." 그가 답

문자를 보낸다. "우리는 아직 크게 위험하지 않아. 하지만 어르신들과 면역력이 약한 사람들을 위해 우리가 마땅히 생각해야 할 의무 같은 거지."

"이렇게 연락해줘서 고마워." 내가 답한다. "일정이 잡힌 다른 행사들도 가지 말고 집에 딱 붙어 있어야겠네."

일정이 잡힌 다른 행사들이란 오하이오와 웨스트버지니아에서 참석하기로 되어 있는 유료 낭독회다. 이런 행사들이야말로 나의 주요 수입원이다. 오하이오에서 열릴 첫 행사는 이미 매진되었지만, 분명 10일이 되기 전에 주최측에서 연기할 거라는 혼잣말을 해본다. 웨스트버지니아 행사도 아마 마찬가지겠지.

외롭다. 겁이 난다.

그리고/그렇지만/그러나/어쩐지 나는 미국에서 가장 못사는 동네로 손꼽히는 미시시피주 튜니카에 있는 카지노로 차를 몰고 가서 양손에 소독제를 바른다.

그나마 이 정도라서 다행이다.

2일

미국인 31명이 코로나바이러스로 사망했다. 도널드 트럼프는 공화당 지도부와의 회동 뒤 이렇게 말한다. "국내에서 사망자 수가 스물여섯 명쯤 됩니다. 우리의 신속한 대응이 없었다면 그 수는 훨씬 커졌을 겁니다."

내가 참석하기로 되어 있는 유료 행사들은 아직 취소되지 않았다. 이 두 행사를 뛰었을 때 나에게 떨어질 돈은 할머니가 닭 공장에서 1년 동안 일하고서야 벌 수 있었던 액수다. 내가 이렇게 다녀서 버는 돈은 대부분 할머니에게 갈 것이다.

할머니도 조가 말한 어르신들에 포함된다. 할머니는 미시시피 출신의 아흔 살 된 흑인 여성이고, 면역력이 아주 약하다. 당신이 여태 살아 있는 것은 고된 노동과 예수님 덕분으로 믿고 있는 분이다.

나는 행사장에서 무슨 일이 있어도 책에 사인해주거나 악수를 하지 않겠노라고, 에이전시를 통해 신시내티의 담당자들에게 일러둔다.

우리 모두 안전해야 하니까.

그날 저녁, 나는 책에 사인을 한다. 악수를 한다. 사람들과 포옹한다. 애정을 느낀다. 나중에 양손에 소독제를 바른다. 행사장을 찾은 돈 많은 남자가 때마침 신시내티에 온 로린 힐을 볼 수 있는 입장권을 나에게 건넨다. 나는 저녁식사 자리에 참석하기보다 로린 힐을 보러 가고 싶다고 행사 주최측에 전한다.

나는 로린 힐을 보러 가지 않는다.

저녁식사 자리에 가지 않는다.

양쪽 모두 가지 않은 나 자신을 뿌듯해한다. 어르신들의, 우리 할머니처럼 면역력이 약한 사람들의 안위를 생각했다는 것에 뿌듯해한다.

그나마 이 정도라서 다행이다.

3일

미국인 38명이 코로나바이러스로 사망했다. 도널드 트럼프는 대국민 연설에서 이렇게 말한다. "코로나바이러스는 우리를 무너뜨릴 수 없습니다. 미국은 다른 어느 나라보다 철저한 준비와 회복력을 갖추고 있습니다."

나는 신시내티에서 묵고 있는 호텔 밖에 서서 웨스트버지니아주 마셜까지 데려다줄 차량을 기다린다. 손가락 마디가 크게 불거지고 멀쑥한 체격의 나이든 백인 남자가 차를 멈춰 세우자, 나는 뒤 트렁크에 짐을 싣는다. 기사와 악수는 하지 않는다. 기사도 나도 마스크나 장갑을 끼고 있지 않다. 나는 나이든 백인 남자가 모는 검은색 새 차 뒷좌석에 앉아 돈을 벌려고 웨스트버지니아로 가고 있다.

나는 양손에 소독제를 바른다.

신시내티를 벗어나자마자 기사는 내게 본인이 목사라고 소개한다. 우리는 그의 교회와 그의 소명과 그가 브롱크스에서 살던 시절, 그의 아내가 취하는 가혹한 양육 방식, 그가 여기저기로 태워다준 유력 인사들에 관해 이야기를 나눈다. 그가 잠시 말을 멈춘 사이, 나는 차창 밖으로 휙휙 스쳐지나가는 땅을 쳐다본다. 나는 작가다. 나는 한 번도 본 적 없는 땅에 관해 글을 써야 한다. 양손에 소독제를 바른 다음 휴대폰을 켜서 문장 하나를 입력한다.

"그나마 이 정도라서 다행이다."

오늘밤 행사의 주최측과 같이하기로 했던 저녁식사 약속 두 시간 전에 웨스트버지니아주에 도착한다. 크리스틴이 호텔에서부터 동행해 모퉁이를 돌아서 나오는 식당으로 안내한다. 긴 테이블이 놓인 자리에는 벌써 열 명 남짓한 사람들이 앉아 있다.

"다들 잘 지내십니까?" 나는 짐짓 웃어 보이며 인사를 건넨다. "아무래도 악수는 안 되겠죠?"

나는 언제까지나 미시시피 잭슨 출신의 뚱뚱한 흑인 남자다. 아는 흑인이라고는 없는 백인들의 장소에 갇혀 있는 건 질색이다. 우리 엄마와 할머니는 문을 등지고 앉는 법이 거의 없다. 나는 테이블 끄트머리 자리를 고른다. 헤어라인이 미시시피를 생각나게 하는 젊은 남자의 옆자리다.

테이블 아래에서 양손에 소독제를 바른다.

내 바로 맞은편에는 영향력 있는 백인 두 명이 앉아 있는데, 그들의 장단은 종잡을 수가 없다. 그들이 언제 웃고 언제 지루해 꿈지럭거릴지 전혀 모르겠다. 그들이 실제로 웃거나 꿈지럭거렸는지조차 모르겠다. 내 앞에 앉은 백인 여자는 그 자리에 있고 싶어하지 않는다. 나는 대학에서 대면 강의를 중단하고 원격 학습을 시작하려고 준비중이라는 소식을 접한다.

아무도 오늘밤 낭독회에 오지 않을 거야, 라고 나는 혼잣말을 한다. 어쨌든 돈만 받을 수 있다면 확실히 그편이 낫다.

나는 태국식 콜리플라워 랩과 감자튀김을 주문한다. 저 랩을 먹을 일은 절대 없다. 감자튀김도 역시.

감자튀김 한 조각을 빼고 거의 다 먹었을 때, 친숙한 헤어라인을 가진 멋진 남자가 내게 소독제를 내민다.

"이제 악수할 수 있을까요?" 그가 묻는다.

"아, 그럼요." 나는 이렇게 말한 뒤 대단한 학생들 모두와 악수하면서 이토록 무서운 시기에 밖에 나올 생각을 한 데 대해 모두에게 감사를 전한다.

랩 테이크아웃을 요청하고, 낭독회에서 모두 볼 수 있기를 바란다고 말한다. 낭독회에 가는 길에 다시 호텔에 들른다. 백팩에서 케케묵은 콜리플라워 냄새가 풍기게 두고 싶지 않아서다. 백인들은 케케묵은 콜리플라워 냄새를 풍기는 흑인을 흑인처럼 취급한다.

나는 무섭다. 지쳤다. 외롭다. 돈은 벌어야 한다. 백인들에게 흑인처럼 취급받고 싶지도 않고, 코로나바이러스도 피해야 한다.

방안이 덥다. 땀이 너무 많이 난다. 후드 점퍼 안에 입은 셔츠를 벗는다. 옷은 흠뻑 젖어 있다. 콜리플라워 랩을 조리대 위에 놓는다.

아무래도 코로나바이러스에 감염된 것 같다.

아니면 그저 내가 뚱뚱해서일까. 혹은 그저 긴장해서일까.

코로나바이러스에 감염된 것 같다.

행사장에 도착한다. 나를 맞이하는 백인 여자는 절뚝거리며 걷는다. 나도 절뚝거리며 걷는다. 여자는 친절하게 나를 출연자 휴게실로 데려다준다. 키가 크고 예의바른 백인 남자가 휴게실 문을 노크하더니 커다란 통에 담긴 소독제를 꺼낸다.

"에이전시에서 선생님께 이게 필요하다고 해서요."

"어이쿠." 나는 마치 전혀 몰랐던 얘기라는 듯이 말한다. "거 참 이상하네요. 고맙습니다."

낭독회가 끝난 후, 저녁을 함께 먹었던 대단히 인상적인 학생 중 몇몇이 무대로 올라와서 내게 책에 사인하고, 사진을 찍고, 악수해달라고 요청한다. 나는 그들의 책에 사인하고, 사진을 찍고, 악수한다. 이후 로비로 나와 테이블 앞에 앉아서 더 많은 책에 사인을 한다. 모든 책에 사인한 뒤에는 밖으로 나가서 내게 소독제를 줬던 키 크고 예의바른 백인 남자를 만난다. 그는 자기 트럭으로 나를 다시 호텔까지 데려다줄 예정이다.

우리는 코로나바이러스에 관해 이야기한다. 랜디 모스(웨스트버지니아주 출신의 전설적인 미식축구 스타 – 옮긴이)에 관해 이야기한다. 제이슨 윌리엄스(웨스트버지니아주 출신의 전 NBA 농구 선수 – 옮긴이)에 관해 이야기한다. 그리고 다시 코로나바이러스에 관해 이야기한다.

호텔에 도착한 순간, 나는 남자와 악수를 해야 하는 걸까 생각한다. 우리 둘 다 코로나바이러스에 감염됐을 거라는 확신이 들기 때문이다.

키 크고 예의바른 백인 남자는 두 손을 핸들에 둔 채로 내게 작별 인사를 한다.

"고맙습니다." 나는 큰 소리로 말한다.

내 방에선 묵은 콜리플라워 냄새가 난다. 나는 샤워를 두 번 하고 양손에 소독제를 바른 뒤 꿈을 꾸려고 애쓴다.

4일

 미국인 40명이 코로나바이러스로 사망했다. 테이트 리브스 미시시피 주지사는 도널드 트럼프가 발표한 유럽 여행 제한 때문에 유럽에서의 휴가를 서둘러 끝내기로 한다.
 새벽 5시에 또다른 백인 남자가 나를 픽업해서 공항까지 태워다준다. 남자는 입을 열지 않는다. 나는 내리면서 그에게 후한 팁을 준다. 그는 돈을 받아 쥔다. 아마 내가 공항까지 나를 태워주는 백인 남자에게서 더러운 휴지를 받아 쥔다면 저런 모습일 터다.
 "고맙습니다." 나는 큰 소리로 말한다.
 나는 검은색 후드 점퍼를 입고 검은색 모자, 검은색 베인(영화 〈다크 나이트 라이즈〉 속 악당 캐릭터―옮긴이) 마스크, 검은색 헤드폰을 쓰고 있다. 목에는 인식표 모양의 목걸이 두 줄이 걸려 있다. 그중 하나에는 제임스 볼드윈의 문장이 새겨져 있다. "길을 잃었다고 생각한 순간, 나의 감옥이 흔들리고 쇠사슬이 떨어져나갔다." 다른 하나에는 루실 클리프턴의 글이 새겨져 있다. "그들은 내게 기억하라고 하면서도 내가 자기네들의 기억을 기억하기를 원하고, 나는 계속 내 기억을 기억한다."

나는 비행기에서 셀카를 찍은 다음 인스타그램에 사진을 올리고 캡션을 추가한다. "경이로운 아흔 살 여성을 돌보는 데 보탬이 될 돈을 벌기 위해 여행을 다녀야 하는데, 그분과는 14일간 접촉할 수도 없는 이상한 시절…… 친절. 다정. 관용. 우리는 할 수 있다."

14일이라. 나는 마음속으로 되뇐다. 그나마 이 정도라서 다행이다.

"코로나바이러스는 우리를 무너뜨릴 수 없습니다." 그날 늦은 오후, 도널드 트럼프가 말한다.

5일

미국인 413명이 코로나바이러스로 사망했다. 도널드 트럼프는 "죄송합니다"라는 말을 하지 않는다.

테이트 리브스 주지사는 미시시피의 한 낙태 전문병원은 계속 영업해야 할 만큼 중요하지 않지만 총포상들은 중요하다는 판단을 내린다. 나는 8년간 테이트의 이름을 언급하지 않고 테이트에 관한 글을 써왔다.

대학 시절 나는 파트너였던 은졸라와 함께 비드 데이(Bid Day: 대학교 학생 클럽들이 신입 회원을 모집하는 기간의 마지막날을 뜻한다. 선발된 회원에게 마지막날 정식 초대장(bid)을 보낸 데서 유래한 용어—옮긴이)에 남학생 클럽 두 곳과 언쟁에 휘말렸다. 클럽 회원 중에는 남부연합 망토를 두르고 아프로 가발을 쓴 이들도 있었고, 얼굴에 검은 칠을 한 이들도 있었다. 나는 그들이 우리를 '니거'(nigger, 흑인을 비하하는 속어 – 옮긴이)라고 부른 일을 글로 썼다. 그들이 은졸라를 '니거X'이라고 부른 것에 관해 썼다. 그때의 경험과 총기에 관해 썼다. 그때의 경험과 박쥐에 관해 썼다. 그때의 경험과 내가 가부장제에 뛰어들면서 은졸라의 고통을 폄하한 것에 관해 썼다.

그 백인 남학생들, 카파 알파 사교클럽을 자랑스럽게 대표하며 연합체로서 흑인의 고통에 기여한 그 무리 속에서 미래의 미시시피 주지사를 보게 된 비통함에 관해서는 쓰지 않았다. 또한 나는 고등학교 시절 내내 테이트를 상대로 농구 시합을 한데다 그가 우리가 아는 다른 대다수 백인 남자애들과는 달리 인종분리 학교가 아닌 플로렌스라는 공립학교에 다닌 걸 알았기에, 옛날 남부 시절의 이데올로기와 자기 자신을 동일시한 백인 남자애들이나 할 법한 행동을 테이트가 하는 것을 보고 마음이 상했음을 절대 인정하지 않았다.

술 취한 백인 남자애들이 그들다운 짓을 하는 불협화음 같은 무리에서 테이트를 본 순간, 나는 그가 장차 미시시피 주지사가 되고 미합중국 대통령이 될 수 있겠다고 확신했다.

여전히 이 정도가 내가 미시시피 출신의 백인 남자아이에 관해 말할 수 있는 가장 센 비판이다.

6일

미국인 9,400명이 코로나바이러스로 사망했다. 도널드 트럼프는 "내가 틀렸습니다"라는 말을 하지 않는다.

 엄마는 우리가 할머니를 돌봐드리라고 고용한 간병인이 할머니의 기분을 상하게 해드릴까봐 마스크를 쓰지 않으려고 해서 겁먹고 있다.

 나는 엄마가 계속 일을 나가려고 해서 겁먹고 있다. 엄마는 당신이 죽으면 내가 읽어줬으면 하는 추도사를 내게 보낸다. 그 추도사를 본 나는 혼란스럽다. 거기에는 생략된 내용이 너무 많기 때문이다. 엄마는 자신의 꿈이 세상에, 특히 미시시피에 도움이 되는 것임을 사람들이 알기를 바란다. 그러나 추도사는 엄마가 해온 사회 정의 활동보다 엄마가 있었던 장소에 관한 내용이 주를 이뤘다. 나는 엄마에게 반박하지 않는다. 혹여 엄마가 나보다 일찍 돌아가시면 적힌 그대로 추도사를 읽을 거라고 말씀드린다.
그나마 이 정도라서 다행이다.

작가 체리 루 사이에게서 이메일이 날아온다. 사망한 미국인 9,400명 중에 내 학생이었던 키말리 응우옌이 있다는 내용이다. 키말리와는 배서대학에서 같은 강의실을 썼다. 내 학생이 되기 한참 전에 키말리는 특유의 허스키한 목소리로 내게 인사를 건네곤 했다.

"어이, 키에스!"

우리가 마침내 같은 강의실을 쓰게 되었을 때, 나는 미국의 대다수 강의실에 떠도는 유령으로부터 키말리를 제대로 지켜주지 못했다. 유령에게는 숙주가 필요하다. 많은 백인 숙주에게는 유령이 필요하다. 그 유령들은 키말리로 하여금 캄보디아인의 자아를 글쓰기에서 배제하도록 부추겼다. 또한 크메르 루주에 관한 자기 가족의 재기억(rememories, 토니 모리슨의 『빌러비드』에 나온 표현)을 지워 없애지 않았다고 질책했다.

키말리는 자신의 슬픔과 피로와 분노를 기꺼이 받아들였으며 제임스, 샤메인과 더불어 조상의 정신에 관한 역사적 공상을 글에서 더욱 깊게 다루려고 애를 썼다.

나는 코로나바이러스가 우리 할머니와 엄마, 친척 아주머니들, 친구들, 나를 데려가리라고 줄곧 생각했다. 물론 순서는 반대일 수도 있을 테고.

코로나바이러스가 내가 가르친 학생들을 데려가리라고는 한 순간도 생각하지 못했다.

7일

미국인 104,051명이 코로나바이러스로 사망했다. 도널드 트럼프는 "죄송합니다"라는 말을 하지 않는다. 미니애폴리스 남부의 17세 흑인 소녀 다넬라 프레이저가 경찰이 코로나바이러스 생존자 조지 플로이드를 처형하는 장면을 용감하게 동영상으로 촬영하고, 코로나바이러스 감염자들을 돕는 일을 하던 응급 구조요원 브리오나 테일러가 자택에서 경찰이 쏜 총탄을 다섯 차례나 맞은 뒤로 미국 전역에서 시위가 시작된다.

 제대로 숨쉬고 족쇄를 깨부수기를 갈망하는, 대부분 흑인으로 구성된 명민한 청년들이 미시시피주 잭슨 거리로 쏟아져나오기 바로 전주에, 미시시피주 옥스퍼드의 한 백인 유대인 교사가 자기 손에 상처를 낸 뒤 '올레 미스'(Ole Miss, 미시시피대학교의 별명—옮긴이) 캠퍼스에 있는 최대 규모의 남부연합 기념물에 온통 피 묻은 손자국을 남겨놓는다. 이 유대인 친구는 체포되기 전 기념물의 사면 전체에 스프레이 페인트로 '정신적 대량 학살'이라는 글귀를 적어둔다.

기념물 자체를 가리는 대신 아기 포대기처럼 보이는 천으로 '정신적 대량 학살'을 가리라는 지시가 작업자들에게 내려온다.

나는 유대인 친구가 보석으로 풀려날 수 있게 돕는다. 미시시피, 미니애폴리스, 루이빌 사람들이 보석으로 풀려날 수 있게 돕는다.

나는 혼자 집에 간다.

나는 지금 마흔다섯 살이다. 내가 태어났을 때 우리 할머니의 나이와 같다. 할머니가 마흔다섯 살에 그랬듯이, 나도 혼자 미시시피에 산다. 그렇지만 할머니와는 달리 나는 자식도 손주도 없다. 땅이나 정원이나 부동산도 없고, 달빛이나 햇빛 아래서 동네를 걸어다니기도 겁이 난다.

이런 생각에 사로잡혀서는 안 된다. 하지만 망령은 제 속도대로 움직이는 법이다.

나는 한때 남부연합의 저택이 있던 자리에 세워진 이 집에 혼자 앉아 있다. 밖에 나가기 두렵고, 바깥의 누구라도 나를 보는 것이 두렵다.

나는 상상했던 것 이상으로 성공했다. 그런데도 내 몸이 더는 꿈꾸는 법을 모르기 때문에 잠들기가 무섭다. 사람들이 꿈속에서 죽기도 한다는 걸 알고 있다. 죽음은 두렵지 않다. 꿈꾸는 도중에 죽임을 당하는 것이 두렵다. 흑인으로서 운전을 하다가, 흑인으로서 조깅을 하다가, 흑인으로서 꿈을 꾸다가, 흑인으로서 싸우다가, 흑인으로서 사랑하다가 죽임을 당하는 것이 두렵다. 문득 궁금해진다. 움직임과 변동성, 사랑이 최악의 미국 백인들이 흑인의 삶에서 가장 싫어하는 특징인 걸까.

8일

미국인 108,278명이 코로나바이러스로 사망했다. 도널드 트럼프는 "죄송합니다"라거나 "내가 틀렸습니다"라는 말을 하지 않는다.

오늘은 엄마의 생신이다. 원래는 오늘 엄마와 같이 지낼 계획이었지만, 그럴 수가 없다. 엄마는 북쪽에 있고, 나는 여기 남쪽에 있다. 오늘은 테이트 리브스 주지사의 생일이기도 하다. 아마도 그는 집 어딘가에 미시시피주 깃발을 가지고 있을 텐데, 그 깃발 주변을 맴도는 망령들을 두고 어떻게 생일을 축하할지 궁금해진다.

9일

미국인 113,774명이 코로나바이러스로 사망했다. 오늘 나에게 왜 이리도 백인들이 많이 연락하는지 모르겠다. 개중 반 정도는 내게 괜찮은지 묻는다. 나머지 반은 자기들이 배울 준비가 됐다고 말한다.

좆까. 좆까.

차를 몰고 가다가 옥스퍼드에 있는 거대한 남부연합 기념물 두 곳을 지나친다. 두 곳 모두 흑인 경찰들이 지키고 서 있다. 우리의 말살을 기념하는 유물을 지키는 일에 굴욕감을 느끼는지 저 형제들에게 묻고 싶다. 저들이 내 물음에 대답하거나 무전으로 지원 요청을 하려고 하면 이렇게 말하고 싶다. "아, 잠깐만요, 형제들."

그러고 나서 'Fuck tha Police'(힙합 그룹 N.W.A가 1988년에

발표한 정규 1집 〈Straight Outta Compton〉의 수록곡. 경찰의 흑인에 대한 인종차별과 폭력을 직설적으로 비난하는 가사로 FBI로부터 경고를 받는 등 상당한 논란과 화제를 일으켰다 – 옮긴이)의 1절을 질러주고 싶다.

각종 상징으로 무장한 기념물 가까이에 자리잡은 저 형제들이 순찰차 꼭대기에서 비트를 두드리고, 우리 모두 지원 병력이 도착할 때까지 'Fuck tha Police'의 랩을 뱉어대는 광경을 상상해본다.

그러다 백인 경찰관이 도착하면, 나는 부르주아 흑인 교수로 변신해서 그들에게 이렇게 설명하는 것이다. 미시시피 백인들이 남부연합에 집착하는 것은 자기들이 남북전쟁에서 패배해서가 아니라 미시시피 흑인들과의 조작된 전투에서 편법을 썼기 때문이다. 저들의 기념물은 한 번도 공정하게 대가를 치르거나 공정하게 행동하거나 공정하게 살거나 공정하게 싸울 필요가 없었던 자들의 손으로 가해진 우리의 고통을 기념하는 것이다.

하지만 그들은 이미 이 사실을 알고 있다. 미시시피 사람이라면 누구나, 인정하든 인정하지 않든 이 사실을 알고 있다.

그들이 모르는 것은 'Fuck tha Police'가 우리의 기념물이며, 가장 강력한 영향력을 가진 유물 중 하나라는 사실이다. 게다가 N.W.A의 모든 멤버가 남부에 뿌리를 가지고 있었다. 나는 미니애폴리스 관할 경찰서가 불타는 광경을 지켜보면서, 그리고 트럼프가 사탄도 부러워할 사진을 찍겠다고 평화 시위대를 상대로 주 방위군을 투입했을 때, 이 노래를 몹시도 틀고 싶었다.

지금 당장 'Fuck tha Police'를 듣고 싶다.

이 곡의 존재는 우리가 백인들이 우리에게 가했던 물리적인 고통을 그들에게 줄 수는 없더라도 역겨운 사기꾼들에게 구타당하고 살해당한 이들의 영혼을 추모하고 교신할 수는 있다는 증거이다. 엄마의 가장 큰 걱정은 내가 이런 사기꾼들에게 날벼락처럼 총에 맞을 거라는 것이다. 엄마의 생각은 옳다. 언젠가 나는 땅바닥에서 일어나지 못할 것이다. 엄마는 알고 있다. 내 꿈속에서 우리는 총탄에도 끄떡없이 날아오른다는 것을. 또한 종종 추락한다는 것을. 실제로 내가 꾸는 꿈속에서 나는 아마드(2020년 2월 백인 주택가에서 조깅을 하다가 경찰관 출신의 백인과 그 아들이 쏜 총에 사망한 흑인 청년 아마드 아버리(Ahmaud Arbery)를 가리키는 것으로 보인다 – 옮긴이)처럼 달린다. 조지처럼 중거리 점프 슛을 던진다(조지 플로이드는 학창 시절 농구부로 활동한 바 있다 – 옮긴이). 브리오나처럼 치료한다. 이들과 미농과 팀과 헨리와 데이비드 등 서로를 사랑하는 새로운 방법을 애타게 찾는 사람들로 넘치도록 꽉 찬 몬테 카를로에서 'Fuck tha Police'의 가사를 빠짐없이 부른다.

나는 백인들과 백인들의 경찰에게 그들이 우리에게 하는 짓을 똑같이 하는 공상을 한다. 그리고 공상에 그치지 않고, 할머니라면 집밖에서 절대 내뱉지 않을 말들을 공공연히 랩으로 내뱉은 것을 기억하고 기쁘게 음미한다.

그러나 성 소수자들을 모욕하고, 그럼으로써 성 소수자가 아닌 사람들의 도덕성을 떨어뜨리지 않고도 우리의 상실과 우리의 승리를 기념할 방법은 있다. 우리가 모욕하려고 하는 사람들을 우리는 궁극적으로 파괴하려고 하는 것이다.

그리고 'Fuck tha Police'의 첫 가사는 성 소수자들의 삶을 공정하게 기념하거나 기리지 않는다. 나는 20여 년 전에 이 곡의 랩을 따라 하는 행동을 중단해야 했다. 2015년에는 이 곡을 듣는 것을 중단해야 했다. 터무니없게 들리겠지만 'Fuck tha Police'를 포기하는 것보다 힘든 일은 내가 사랑한다고 하던 사람들에게 거짓말하기를 포기하고, 이상 섭식 행동을 포기하고, 도박을 포기하는 것밖에 없었다.

성 소수자에 대한 적대감은 트랜스젠더에 대한 적대감이나 반(反) 흑인 정서와 마찬가지로 일종의 중독이며, 정직한 판단과 꾸준한 실천, 급진주의자들에 대한 따뜻한 포용으로만 이러한 중독을 끊을 수 있다.

미시시피 사람 대다수가 그렇듯이 나는 중독자다. 미국인 대다수가 그렇듯이 나는 겁쟁이다.

나는 남부연합 기념물을 지키고 서 있는 흑인 경찰들을 향해 손을 흔든다. 그들도 내게 마주 손을 흔든다. 아디아 빅토리아의

'And Then You Die'가 배경음악으로 휘몰아치고, 나는 차를 몰고 집으로 향한다.

좆까. 좆까.

10일

미국인 125,039명이 코로나바이러스로 사망했다. 도널드 트럼프는 아직 공식 석상에서 마스크를 착용한 적이 없다. 우리가 할머니를 돌봐드리라고 고용한, 상냥하고 피로에 지친 간병인이 코로나바이러스에 감염되었고, 미시시피 주의회는—청년들의 힘과 돈을 잃을 위협에 떠밀린 나머지—마침내 미시시피주 깃발을 내리기로 동의했다. 물론 그랬다가는 정치적으로 엄청난 타격을 입었겠지만, 테이트 리브스 주지사는 깃발을 내리는 걸 중단시키거나 지연할 수도 있었을 텐데 그러지 않았다.

나는 테이트가 그간 흑인 미시시피 주민들이 미시시피의 백인들에게 얼마나 몹쓸 짓을 많이 당했는지 기억하기 때문에 미시시피를 위해 옳은 일을 했다고 믿고 싶다.

그리고/그렇지만/그러나/어쩐지 나의 믿음을 입증할 수는 없다.

11일

미국인 126,929명이 코로나바이러스로 사망했고, 미시시피에서도 바이러스가 급증하고 있다. 테이트 리브스 주지사는 수도요금을 내지 못하는 잭슨시 주민들에게 재정 지원과 사면을 제공한다는 내용으로 주의회에서 만장일치 통과된 법안에 거부권을 행사한다.

    나는 그나마 이 정도라서 다행이라고 혼잣말을 한다.

12일

미국인 128,761명이 코로나바이러스로 사망했다. 민권 운동의 아이콘 프랭키 애덤스존슨에 의하면, 리브스 주지사나 트럼프 대통령이 마스크 착용을 의무화하든 "미안하다"거나 "내가 틀렸다"라고 말하든 아무 상관이 없다.
　각성이 시작되었다고 그녀는 말한다.
　미시시피주 깃발은 이제 더는 존재하지 않고, 프랭키 애덤스존슨 여사는 지금이 성서에 나오는 시기와도 같다고 말한다. 잭슨에서 성장기를 보낸 애덤스존슨 여사는 우리 민권 운동계의 슈퍼히어로 중 한 명이었다. 그녀는 잭슨시 바로 외곽에서 소작인의 자식으로 자랐다. 프랭키는 시내에서 간이식당 연좌 농성을 하는 사람들을 지원하기 위해 브링클리고등학교 학생들과 함께 거리 행진을 벌였다. 행진하던 고등학생들은 시내에 도착하기도 전에 체포되었다. 학생들이 너무 많아서 죄수 호송차에 다 태울 수 없자, 경찰은 흑인 학생들을 쓰레기차에 싣고 교도소까지 데려갔다. 한 경찰은 라이플총으로 프랭키의 등을 후려친 뒤 총의 공이치기를 잡아당기고 그녀의 머리에 총구를 겨누었다. 같은 주에 패니 루 해머가 위노나에서 구타당해 죽을 뻔하고, 프랭키의 청년부 리더이자 NAACP(National Association for the Advancement of Colored People, 전미유색인지위향상협회) 지부장 메드거 에버스가 잭슨의 자택 진입로에서 암살당했을 당시 프랭키는 열일곱 살이었다. 그로부터 4년 후, 프랭키는 미시시피를 떠나 뉴욕으로 갔다.

나는 양손에 소독제를 바른 뒤 프랭키에게 묻는다. 팬데믹이 한창인 시기에 자유를 위해 모든 위험을 무릅쓰는 청년들을 어떻게 생각하냐고. 미시시피 깃발이 내려진 것이 당신에게 어떤 의미냐고. 그리고 그나마 이 정도라서 다행인 거냐고.

"그 누더기 천 조각이 내려졌다고 이미 일어난 역사가 지워지지는 않겠지만, 이것만은 말할 수 있어, 키에스. 이로써 내가 짊어지고 있던 고통을 일부나마 줄이는 데는 분명히 도움이 되었다고.

우리가 흑인 프리메이슨 사원 앞에서 'We Shall Overcome'(우리 승리하리라, 1950~1960년대에 미국 민권 운동의 가장 상징적인 찬가가 된 가스펠 송 – 옮긴이)을 소리 높여 부를 때 저 크래커

들(Crackers. 힐빌리(Hillbillies), 레드넥(Rednecks), 백인 쓰레기(White Trash) 등과 마찬가지로 미국 하층 백인들을 가리키는 혐오 표현—옮긴이)은 그 누더기 천 조각을 들고 와서 '깜둥이들을 계속 찍소리 못하게 눌러야 해' 같은 소리를 떠들었어.

나는 1967년에 자유를 찾아서 미시시피를 떠나 뉴욕으로 갔어. 거기서 내 아들이 태어났지. 33년 뒤, 나는 숨이 막혀서 다시 뉴욕을 떠나 미시시피로 갔어. 지금의 젊은이들은 우리가 겪었던 일을 겪고 있어. 자유의 냄새에 각성하고 있는 거야.

이건 각성이야. 있는 그대로 불러야지.

저들도 이게 썩어 있다는 걸 알아. 우리가 알고 있듯이 저들도 미국이 허물어지고 있다는 걸 눈치챘어. 히피가 어떤 사람들이었는지 알아? 히피는 부모에게 등돌린 주인네 자식들이었어. 네가 누구든 상관없어. 일단 이런 사실을 각성하게 되면, 모든 걸 걸고 자유를 찾게 될 테니까.

코로나바이러스는 정말로 끔찍하지만, 거기에는 성서와 비슷한 성격이 있어. 지금은 작가들이 글을 쓰기 좋은 때야. 각성하기에 좋은 때지. 나도 어쩔 수 없이 가만히 앉아서 기억을 더듬어보게 되더라고.

청년들은 폭풍의 눈을 향해 열심히 나아가고 있어. 우리가 모두 자유로워질 수 있도록 말이지.

청년들을 보면서 정말로 기뻤어. 물론 그들에게 남을 전투의 상흔과 트라우마나 그들에게 부스러기만 돌아갈 상황이 걱정되기는 하지. 적을 아는 것보다도 자기 자신을 더 잘 알아야 해.

우리가 놓쳤던 부분이 그거거든.

이것이 각성이야. 하지만 이 나라에서는 각성하면 대가가 따르게 되어 있어. 내가 할 수 있는 말은 이게 다야."

나는 목에 맺힌 땀과 눈에 맺힌 눈물을 훔치고, 양손에 소독제를 바른다.

그나마 이 정도라서 다행이다.

13일

미국인 130,646명이 코로나바이러스로 사망했다. 미시시피는 감염자 수가 급증하고 있는데, 도널드 트럼프 대통령과 테이트 리브스 주지사는 마스크 착용을 의무화하지도 않았고 "내가 틀렸다. 미안하다"라는 말도 하지 않았다.

내가 믿고 싶은 것은 이렇다.

우리와 똑같이 콜라드와 순무를 냄새로 바로 구분할 수 있고, 소작인 집안 출신이고, 블루스 음악의 기가 막힌 벤딩 주법의 묘미를 알고, 북부 사람들이 자기들이 저지른 잘못에 대한 편리한 방패로 남부를 이용하는 것을 싫어하고, 딥 사우스(Deep South: 주로 미국 남동부의 루이지애나, 미시시피, 앨라배마, 조지아, 사우스캐롤라이나 등 다섯 개 주를 지칭하는 지역 개념 – 옮긴이) 출신의 흑인들이 끊임없는 굴욕에도 불구하고 딥 사우스 출신 백인들에게 보여준 품격을 마음으로 느끼는 미시시피 백인들과 테이트 리브스가, 아버지 콤플렉스 그리고 솔직하게 바로잡지 못하는 무능으로 인해 자신의 결혼과 사업, 친구 관계, 영혼은 물론 자기 나라까지 망치고 결국은 더 깊숙한 지옥으로 몰고 가버린 극악무도하고 지독한 북부 사람에게 놀아나고 있다. 이 남부 백인들, 예컨대 핏줄로 보나 문화로 보나 우리의 백인 형제이지만 각성의 시대 흐름에 도통 귀기울이려 하지 않는 테이트 리브스 같은 사람도 전부 사악하거나 고쳐 쓸 수 없는 부분만 있는 것은 아니고, 그저 권력과 열등감, 콤플렉스, 그리고 비겁하기 짝이 없는 미국 백인들의 분노라는 바람을 등에 업고 수월하게 대통령이 된 사기꾼 같은 미치광이에게 인정받고 싶은 열망에 쉽게 넘어가는 것뿐이다.

　내가 알고 있는 사실은 이렇다.

　도널드 트럼프가 미합중국을 사랑하는 애국자가 아니듯이 테이트 리브스와 미시시피 백인 남자들 대부분도 지역주의를 추구하거나 미시시피와 딥 사우스 지역을 사랑하지 않는다. 그들은 망령에 씌지 않았다. 그들은 열성적인 악귀이자 영성을 거부하는 가부장이며, 그리스도에 대한 뒤죽박죽으로 왜곡된 이해와 서로를 이용해 가장 취약한 이들에게 고통을 주고야 마는 자들이다. 은총을 게걸스레 탐하는 자들에게 권력 남용은 맛도 감촉도 냄새도 소리도 느낌도 너무나 좋다. 그들은 옳고 그름을 구분하려고 애쓰는 열아홉 소년이 아니다. 후대에 비열함의 모델이 되기로 선택한 성인들이다. 그들은 남용할 권력을 유지하기 위해 가까운 사람들 모두를 괴롭히고 모욕할 것이다. 삶을 필요 이상으로 어렵게 만들어서 미안하다고 말하거나 그런 뜻을 비치는 일은 절대 없을 것이다. 당신의 굴욕을 먹이 삼아서 미안하다. 내가 실제로 저지른 죄를 세상에 실토하지 않아서 미안하다. 내게는 당신의 삶보다 내 자존심이 더 중요해서 미안하다. 그들은 이렇게 미안하다는 말을 절대 하지 않을 것이다. 그저 자기들 말에 귀기울일 만큼 어리석은 미국인들과 남부 사람들에게 그나마 이 정도라서 다행이지 않으냐고 일러주고 말 것이다.

사실, 우리 청년들과 오래된 영혼들이 끌어낸 이 각성이 없었다면 그들의 말이 전적으로 옳을 것이다.

14일

미국인 131,870명이 코로나바이러스로 사망했고, 나는 〈배니티 페어〉 편집자들에게 글을 제출할 예정이다. 우리를 인도하는 사람들에게는 인센티브도 자격증도 장려금도 없다는 것을 안다. 이 과제로부터 벌어들이는 돈은 전부 수도 요금을 못 내는 잭슨시 주민들을 돕는 데 쓰일 것이다.

우리는 각성했다고, 나는 그렇게 믿고 싶다.

옥스퍼드의 무장한 남부연합 조각상으로부터 75마일 떨어진 곳에서 에밋 틸(Emmett Till, 1941~1955. 1955년 미시시피주에서 백인들의 증오 범죄에 희생된 흑인 소년—옮긴이)의 어린 몸이 파괴되었다. 그 무장한 남부연합 조각상으로부터 70마일 떨어진 곳에서 패니 루 해머가 죽기 직전까지 구타를 당했다. 그 무장한 남부연합 조각상으로부터 160마일 떨어진 곳에서 메드거 에버스가 집으로 들어가던 중에 살해당했다. 그 무장한 남부연합 조각상으로부터 80마일 떨어진 멤피스에서는 마틴 루서 킹이 살해당했다.

나는 흑인의 죽음을 대가로 이루어진 실질적인 진보의 정신적인 결과 주변을 헤매고 있다. 나는 용감해지고 싶다. 하지만 이런 생각도 든다. 용기가 전염병처럼 쉽게 옮는다면—용기에 자격증과 장려금과 인센티브가 제공된다면—그래도 그것이 과연 용기일까.

오늘, 전송 버튼을 누를 준비를 하고 양손에 소독제를 바르고 있자니, 이건 좀 너무 비겁한 것 같다는 기분이 든다.

내일까지 기다렸다가 보낼까. 아예 보내지 말까.

백인 남자들이 모인 라파예트 카운티 감독위원회는 무장한 남부연합 기념물을 내가 살고, 가르치고, 글을 쓰는 동네인 옥스퍼드 한가운데에 그대로 두기로 만장일치로 의결한다.

굴욕적이다.

최악의 백인들은 설득이 되지 않을 것이다. 패배시키는 것만 가능하다. 그리고 그들은 패배당하면 더욱 맹렬하게 싸운다. 그들은 우리에게 상처를 낸다. 우리를 돈으로 매수한다. 그래서 우리가 이렇게 지치는 것이다. 그래서 우리가 각성하는 것이다. 우리는 우리가 더할 나위 없는 품격을 보여주었던 적, 우리가 가르치고 응석을 받아주고 극복하려고 애써온 적, 우리가 죽는 모습을 볼 수 있다면 몇 번이고 지치지도 않고 자기를 죽이는 적과 싸우고 있다.

자극이 온다.

나는 양손에 소독제를 바른 뒤 휴대폰으로 라파예트 카운티의 총포점을 검색한다. 나는 총을 믿지 않는다. 감옥을 믿지 않는다. 그렇지만 이런 미시시피, 이런 미국 동네에서 계속 혼자 살려면 분명 총이 필요하다.

나는 6번 고속도로에서 트럭 창밖에 펼쳐진 희끗희끗한 목화밭을 바라본다. 이 도시를 고향이라고 부르는 옥스퍼드의 저임금 필수 노동자들을 생각한다. 나는 어디에 있는 걸까? 묻고 싶어진다.

하지만 나는 안다.

여기는 고향이 아니다.

이런 곳이 고향이라면, 그건 정상적이지 않다.

나는 굴욕감을 주고 싶지 않다. 굴욕감을 받고 싶지도 않다. 누군가를 죽이고 싶지 않다. 누군가에게 죽고 싶지도 않다. 나는 우리가 자유롭기를 바란다. 1965년 말콤이 했던 명언이 생각난다. "미시시피는 캐나다 국경 남쪽 어디에나 있다."

말콤의 말은 너무나 옳았다.

말콤의 말은 너무나 틀렸다.

미시시피는 여기에 있다.

나는 프랭키가 각성했다고 말하는 미시시피 청년 중 한 명인 테런 윌커슨에게 연락을 취한다. 테런은 잭슨주립대학을 졸업하고 잭슨에 있는 머라고등학교에서 아프리카계 미국인학을 가르친다. 나는 테런에게 각성에 관한 프랭키의 선언과 수용에 관해 어떻게 생각하는지 묻는다.

"이 나라가 민권 투쟁은 끝났다고 말한 지 한참 후에도 우리 아빠는 미시시피주 카시지에서 초등학교 때부터 카시지고등학교에서 졸업장을 받을 때까지 누더기 같은 남부연합기에 대고 충성 맹세를 해야 했어요.

아빠는 십 대 시절 식료품을 봉지에 담아가던 바로 그 인도에서, 아빠의 아버지가 젊은 흑인 엄마와 그녀의 갓난아기를 병원에 데려가다가 망치로 머리를 맞은 바로 그 동네에서, 흑인을 감옥에서 끄집어내서 법원 잔디밭에서 죽이기 위해 일상적으로 가게들이 문을 닫던 바로 그 카운티에서 니거라고 불렸어요.

내가 느끼기에 이 나라는 우리 아빠와 아빠의 아버지에게나 나에게나 그냥 똑같아요. 우리 이모와 그 동료들은 전원이 흑인인 O. E. 조던고등학교의 통합에 항의하는 뜻으로 우편 배달차를 전복시켰어요. 우리 아버지는 카시지 극장에서 〈뿌리〉를 보고 나서는 광장에서 가게들을 때려 부수는 얘기를 하고요.

내가 가르치는 학생들은 흑인의 생명과 온전함을 지키기 위해 총과 권력과 개입이 필요하다고 얘기합니다. 이 나라의 죄는 흑인들이 억압된 삶과 강제된 죽음으로 내몰리는 와중에 아무리 세대가 바뀌어도 기를 쓰고 똑같은 상태에 머물러 있다는 거예요."

테런의 학생들의 말은 옳다.

테런의 말은 옳다.

테런의 아버지의 말은 옳았다.

미시시피주 옥스퍼드에서 계속 살려면 반드시 총을 사야겠다. 그래야 더는 미시시피주 옥스퍼드에서 계속 살 수 없을 테니까. 여기로 오기까지 너무나 많은 흑인의 죽음이 있었다. 그리고/그렇지만/그러나/어쩐지 여기가 내가 살고 싶은 곳이다. 다만 총 없이, 감옥 없이, 굴욕적인 기념물 없이, 토착민의 삶을 끊임없이 훼손하는 일 없이, 경시되고 예상 가능한 필수 노동자들의 희생 없이, 그저 방치되는 비겁함과 중독 없이, 최악의 백인들 없이 말이다.

여기는 내가 다정하고 정직하고 혁신적이고 책임감 있게 당신과 함께 살며 사랑하고 싶은 곳이다.

그리고/그렇지만/그러나/어쩐지 여기는 언젠가 미시시피가 될 것이다.

2부
나만의 충성 맹세

우리집 바깥에는 너덜너덜한 성조기가 걸려 있다. 치워야 하는 건 알지만, 겁이 난다. 지난 15년 동안 나는 뉴욕 북부의 여러 아파트에 살았다. 올여름 미시시피대학의 새 일자리를 수락한 뒤에는 옥스퍼드시의 윌리엄 포크너 저택인 로완 오크(Rowan Oak)에서 길 아래쪽에 있는 대학 소유 주택으로 들어갔다. 새로운 집과 동네에서 무엇보다 놀라웠던 것은 인근에 있는 식민지 시대풍의 건물과 농장, 방갈로 앞에 걸려 있는 성조기와 옛날의 매그놀리아기(목련 나무가 그려진 미시시피주의 깃발. 목련은 미시시피주의 상징 꽃이자 미국 남부의 상징이기도 하다 – 옮긴이)였다.

나는 옥스퍼드에서 남쪽으로 고작 세 시간 거리에 있는 잭슨에서 나고 자랐지만, 이전까지 매그놀리아기를 본 적은 한 번도 없었다. 1861년부터 1865년까지 미시시피주 공식기였던 이 깃발은 왼쪽 귀퉁이의 파란색 정사각형 안에 흰색 별 하나가 그려져 있고 오른쪽 끝에 빨간 테두리가 들어간 디자인이다. 1894년에 채택되어 현재까지 사용되고 있는 공식기와는 달리, 왼쪽 귀퉁이에 확실한 남부연합 상징은 보이지 않는다. 하얀 바탕 가운데에 고불고불한 초록색 아프로 헤어 같은 목련 나무 한 그루가 덩그러니 그려져 있을 뿐이다.

동네로 이사온 첫날에 본 초록색 아프로 헤어 같은 그 깃발들은 나의 백인 이웃들이 우리 가족이 말하는 이른바 '착한 백인들'이라는 생각이 들게 했다. 그 매그놀리아기가 사실은 미시시피의 연방 탈퇴를 뜻하는 깃발이었다는 사실을 알기 전까지, 나는 이곳의 착한 백인들이 우리 나라와 우리 주, 그리고 오늘날 널리 사용되는 미시시피 주기에 지독하게 아로새겨진 백인 권력과 흑인의 고통이라는 전통의 층위에 온전히 맞설 준비가 되어 있는 용감한 미시시피인일 거라고 믿었다.

내가 보기에는 성조기도 나을 게 없다. 아니, 오히려 훨씬 더 나쁘다. 수 세기 동안 성조기 뒤에 숨은 백인들의 손에 의해 우리 흑인들이 무엇을 견뎌내고 무엇을 목격했는지를 떠올리게 하니까. 동네에 걸린 다른 깃발들과 달리 우리집 바깥에서 나부끼는 깃발은 아마도 내가 살면서 본 중 가장 지저분하고 가장 낡아빠진 성조기일 것이다. 파란색 부분에서는 자줏빛이 배어 나오고 빨간색은 분홍빛으로 바랬다. 흰색 부분은 상한 바나나 푸딩 색이 되려고 필사적이다. 위쪽으로 두 군데가 제법 길게 찢어졌고, 맨 아래 줄무늬에는 그보다 더 확실하게 죽 찢어진 흔적이 있다. 깃발은 바람이 불어도 거의 날리지 않는다. 바람의 움직임에 따라 좌우로 천천히 기울어지기는 하지만, 대개는 그저 가만히 주저앉아 있는 천 뭉치는 자랑스러워 보이지도 부끄러워 보이지도 않는다.

나처럼 뻔뻔스럽도록 배은망덕한 흑인 놈에게 깃발을 달아놓는 행위가 도덕적인 측면에서 어떤 의미일지 엄마에게 물었다. 엄마는 깃발을 치우는 것은 육체적 위해를 의미할 거라고 말했다. 그러나 나는 엄마의 바람에 반하여 다음 주말에 깃발을 치우겠다고 다짐했다.

그때가 다가왔을 때 나는 현관 밖으로 나가서 깃발을 쳐다보고 냄새를 맡은 뒤 주변을 휙 내다보았다. 하지만 결국은 겁이 나서 다짐을 관철하지 못했다. 그러는 대신 현관에 퍼질러 앉아 단맛이 부족한 스위트티(미국 남부식 아이스티-옮긴이)를 홀짝였으며, 백인들이 그들을 보고 있는 나를 보며 자기네들의 부동산 가치가 급락하는 광경을 바라보는 모습을 구경했다.

나는 가정교육을 잘 받은 옹졸한 미시시피 사람이라면 응당 할 법하게, 손을 흔들고 "안녕하세요"와 "좋네요" 같은 인사말을 건넸다. 새로운 이웃 동네에서 그 깃발 옆에 앉아서 메이슨 홍차 한 잔과 대학에서 발급된 맥북 뒤에 숨은 나는 마치 남부 급

진파가 되고 싶어하는 미시시피인, 중산층 흑인 변절자, 외적으로 이길 수 있을 만한 싸움을 찾아다니는 나약한 미국 방랑자가 된 듯한 기분이었다. 정작 속으로는 이전까지의 내 모습과 지금의 나, 앞으로 선택할 수 있는 나의 모습 사이에서 혼란스러웠다. 나의 비겁함을 용기라고 말해줄 누군가가 간절히 필요했다. 의문이 들었다. 내가 직업을, 사는 동네를, 집을, 주를 잘못 골랐던 걸까.

미국 백인의 비겁함은 세대 간에 연속되는 흑인의 가난을 낳았다. 다른 무엇보다도 세대 간에 연속되는 흑인의 가난이야말로 내가 잭슨이 아닌 옥스퍼드의 일자리와 보조 주택을 받아들인 이유였다. 옥스퍼드의 일자리 덕분에 나는 할머니를 그분이 마땅히 보살핌받아야 할 방식으로 보살펴드릴 수 있었다. 지금 나는 엄밀히 말해 고향에 있는 셈이지만, 한 번도 미시시피의 이 지역이나 이처럼 많은 백인, 혹은 미국과 집을 연결 지어 생각해본 적이 없었다. 북부의 뉴욕에서 나는 미국 흑인이 되었다. 이제 고향인 매그놀리아주(미시시피주의 별칭―옮긴이)에 왔으니 다시 미시시피 흑인이 될 수 있을 터였다.

······그리고 그것이 표상하는 공화국에 대해······
(미국의 '국기에 대한 맹세(Pledge of Allegiance)' 중 일부―옮긴이)

나는 미시시피 중부에서 태어난 흑인 아이였기에, 어머니와 선생님들로부터 윌리엄 포크너의 작품을 모방하도록 권유받았다. 엄마는 포크너를 흉내내는 것이 아이러니하게도 백인들과 백인 권력과 모든 사람의 총알로부터 나를 지켜줄 수 있다고 생각했다. 열다섯 살이 될 무렵까지 나는 포크너가 쓴 글을 모조리 읽었다. 나에게는 아이스 큐브, 볼트론, 엔 보그, 〈굿 타임스〉(시카고의 저소득층 주택단지를 배경으로 서민들의 애환을 그린 텔레비전 시트콤—옮긴이), 바나나맛 나우앤레이터가 익숙하듯 포크너가 익숙했다. 포크너의 필력이 실제로나 상상 속에서 겪은 미시시피 흑인들과의 경험으로 굴절되었다는 사실이 마음에 들었다. 그렇지만 11학년이 되었을 무렵 내 몸은 흑인을 자신의 독자 중 일부, 혹은 핵심 독자로 보거나 듣거나 사랑하거나 생각하지 못하는 백인 작가들을 모방하는 데 싫증이 났다. 특히나 철저한 남부식 가정교육을 받고 흑인들의 생활 방식을 가까이 접해서 더 잘 알고 잘 처신할 법하다고 여겨지는 미시시피 출신의 백인 작가들에게 싫증이 났다.

포크너 집안에서 돈을 받고 뒤치다꺼리를 하던 흑인 여성 캘리 바가 1940년에 세상을 떠나자 포크너는 그녀의 추모사를 올렸다. "나는 그녀에게서 진실을 말하고 낭비를 삼가며 약자를 배려하고 노인을 공경하는 법을 배웠다. 그녀는 자기 가족도 아

닌 가족에게 신의를 다했고, 자기가 낳지도 않은 사람들에게 헌
신과 사랑을 주었다."

당연히, 자기 가족도 아닌 백인 가족들에게 바치는 흑인의 신
의와 헌신은 이 나라에서 살아온 우리의 이야기 중 무서운 부분
이다. 그리고 당연히, 캘리 바가 한 일에는 포크너가 보지 못한
많은 부분이 있었다. 지역을 막론하고 미국 백인들은 전달된 이
야기의 형태나 우리가 내는 목소리의 어투와 우리가 짓는 매끄
럽게 주름진 미소 아래 감춰진 진실의 깊이를 전혀 이해하지 못
하는 경우가 많기 때문이다. 그래도 나는 소위 캘리 바가 보여줬
다는 헌신과 신의에서 포크너가 배운 교훈이 미국 사회의 폭력
에 대한 국가적 혹은 개인적 심판의 바탕을 이룬다고 항상 생각
했다.

> 진실을 말하라.
> 낭비를 삼가라.
> 약자를 배려하라.
> 노인을 공경하라.

캘리 바는 우리 할머니와 마찬가지로 거의 평생을 백인들의
뒤치다꺼리를 하며 살았다. 하지만 캘리 바와 달리 우리 할머니
는 당신이 돌보던 백인 가족들의 집 가까이에 산 적이 없다. 캘

리 바와 그녀의 가족이 살던 집은 포크너의 집 바로 뒤에 있다. 캘리 바네 현관 앞에 서면 포크너의 집 뒤쪽이 바로 보인다. 노후화된 콘크리트로 받쳐진 캘리 바의 집 현관에는 가운데에 스크린 도어가 있고 양옆에 창문이 두 개 나 있다. 낡아서 쓰러질 것 같은 그 집 현관은 내가 자란 미시시피주 포레스트의 집 현관과 똑 닮았다. 다만 캘리 바와 달리 우리 가족은 우리집 현관에서 백인 소유물을 보지 않아도 되었다. 우리는 가진 게 많지 않았지만 샷건 하우스(모든 방이 일자로 연결된 좁은 직사각형 모양의 주택. 앞문에서 엽총을 쏘면 기둥에 맞지 않고 곧장 뒷문으로 나간다고 해서 붙여진 이름-옮긴이)는 우리 것이었다. 현관도 우리 것이었다. 작은 땅뙈기도 우리 것이었다. 우리집 정원, 성서, 책, 콘크리트 벽돌, 호두나무, 가시덤불도 우리 것이었다.

그리고 우리에게는 엽총이 있었다.

그 엽총들, 그리고 그 엽총들을 둘러싼 이야기는 뼛속까지 남부 사람인 나의 흑인 가족에게는 우리를 이해하지 못하는 백인들에 대한 헌신도 신의도 없다는 사실을 항상 상기시켰다. 우리를 이해하지 못하는 백인들은 가끔은 경찰의 주도하에, 더 잦게는 대통령과 공공 정책의 주도하에 우리의 죽음과 파멸, 고통을 부추길 획기적인 방법을 어렵지 않게 찾아냈다. 백인들은 우리를 제대로 보지는 못하면서도 우리가 가진 총은 어김없이 볼 줄 알았다. 총이 실제로 있든 없든 상관없이 말이다. 그런 백인들은 우리를 향한 헌신도 신의도 전혀 없었고 그들 스스로에 대한 애정도 거의 없었다. 그래도 우리는 성실한 기독교인으로서 종종 그들을 위해 기도했으며, "저들의 마음을 축복하소서, 주님. 저들은 자신이 무슨 짓을 하는지 알지 못하나이다" 같은 말을 했다. 그러나 그들이 자기가 무슨 짓을 하는지 알지 못하고서 우리의 소유지에, 우리집 현관 근처에 침범하고 우리 가족의 신체를 위협한다면 그들은 총에 맞을 터였다. 적어도 겨냥당하거나.

그저 비유로 하는 말이 아니다.

나는 이번 달 들어 매일 우리집 현관에서 캘리 바네 현관까지 무언가를 찾아서 귀를 쫑긋 세우고 돌아다녔다. 어젯밤에는 찾던 소리를 들었던 것도 같다. 내가 사는 곳에서 75마일 떨어진 지역에서 에밋 틸에게 헌신도 신의도 없던 백인 성인 남자들이 에밋을 고문하고 머리에 총을 쏘았을 때 포크너는 이렇게 썼다. "우리 미국인들의 절망적인 문화가 아이들을 살해해야 하는 지경까지 이르렀다면, 그 이유가 무엇이건 또는 어떤 인종이건 간에 우리는 살아남을 자격이 없고, 아마 살아남지도 못할 것이다."

만약 캘리 바가 그녀의 아이들에게 일어난 무슨 일을 목격했으며 그녀의 아이들이 캘리 바에게 일어난 무슨 일을 목격했는지, 혹은 하다못해 캘리 바와 그녀의 아이들이 포크너 가족에게 일어난 무슨 일을 목격했는지에 대해 애정이 있었거나 최소한 생각이라도 해보았다면, 윌리엄 포크너는 절대 그렇게 말하지 못했을 것이다. "우리 미국인들의 절망적인 문화가 아이들을 살해해야 하는 지경까지 이르렀다면……"이라고. 포크너는 알았을 것이다. 이 나라가 흑인, 갈색인, 원주민 아이들의 죽음과 파멸, 고통을 광적으로 야기하고 백인 아이들의 도덕이 소멸한 결과로 탄생했다는 사실을 인정하지 않는다면 미합중국에서 어떤 아이도 사랑할 수 없다는 것을. 포크너는 순순히 인정했을 것이다. 절망적인 이 나라의 역사에서 미국 성인들이 아이들을 모욕하고 학대하고 살해하지 않으려 했던 시기는 단 한 번도 없었다는 것을.

이건 새삼스러운 일이 아니다.

우리 나라의 습성을 철저하게 분석한 결과가 아니다.

우리 나라에 대한 진보적이거나 조금이라도 급진적인 분석이 전혀 아니다.

이것은 이곳 미시시피주 옥스퍼드에서, 위로는 낡은 깃발이 걸린 새집 현관에서 내 눈에 보이는 현실을 있는 그대로 표현한 것이다.

　　……신(神) 아래 불가분한 하나의 국가……

올해 8월의 첫 주말에는 가족 모임 때문에 뉴올리언스에 내려갔다. 친가 쪽 친척들의 큰 모임에 참석한 건 20여 년 만이었다. 내가 십 대였던 시절에는 가족 만찬이나 야외 파티가 열렸고 핫도그를 내놓으며, 발야구를 몇 판 하고 밤늦도록 카드 게임을 하는 식이었다. 그에 반해 이번에는 립싱크 대결, 우리의 기념일을 가리키는 해시태그, 경품, 도널드 트럼프에 관한 대화가 있었다.

첫날 저녁 만찬이 거의 끝나갈 무렵, 자동차 브레이크등부터 곱슬머리용 헤어브러시까지 온갖 물건을 자기가 발명했다고 호언장담하는 사촌 형 윌리가 나를 볼 때마다 으레 하는 행동을 했다. 내 이름의 음절을 과장되게 늘이면서 아프리카 부족 소리를 흉내내기 시작하더니 우리 아버지―내가 태어날 당시 뉴아프리카공화국(Republic of New Afrika: 1968년 디트로이트에서 설립된 흑인 민족주의 및 분리주의 단체―옮긴이)의 일원이었고 자이르(콩고 민주 공화국의 전 이름―옮긴이)에서 활동했다―가 '키스(Keith)'나 '케빈(Kevin)'처럼 좀더 미국적인 이름을 골라 보냈어야 했다고 떠들어대는 것이다. 쉴새없이 농담을 던지던 윌리는 새로 입양한 강아지 사진을 보여달라고 하니 그제야 말을 멈췄다. 휴대폰을 켜서 무게가 180파운드에 달하는 마스티프 견종의 사진을 보여주는 윌리에게 왜 그렇게 큰 개를 집안에서 키우기로 했는지 물었다. "내가 전과가 있잖냐." 그가 대꾸했다. "이제 총은 못 가지고 있으니까."

윌리의 말에 몇 주 전의 일이 떠올랐다. 그때 나는 쓰고 있던 새 책 『헤비*Heavy*』 일로 할머니를 면담중이었다. 나는 할머니에게 긴장될 때 왜 얼굴을 가리는지, 원래 머리카락도 너무 아름다운데 왜 항상 가발을 쓰는지 물었다.

"선택이지." 할머니는 대답했다. "이 세상 흑인들이 선택권을 갖는 건 전혀 문제될 게 없어. 그리고 나는 그 누구도, 심지어 내 손자라 해도, 나 대신 선택하게 둘 수 없어. 백인들은 우리에게 선택할 자격이 있다고 생각하지 않으니까, 우리는 할 수 있는 모든 일에서 건전한 선택을 해야 하는 거야."

나는 우리집 친가와 외가에 관한 이야기의 시제와 내용을 생각했다.

항상 과거형.

항상 현재형.

항상 앞날을 바라봄.

항상 과거를 즐겨 돌이켜봄.

항상 직설적.

항상 편파적.

나는 궁금했다. 우리가 한 거짓말을 진실처럼 들리게 만든 바로 그 논변의 힘이 "거짓말은 그만둬"라는 말로 우리의 진실을 강조하게 했을까. 우리가 말하고, 듣고, 사랑하고, 거짓말한 것 중 미국인으로서의 지분은 어느 만큼이었을까? 아프리카계로서의 지분은 어느 만큼이었을까? 우리에게 내재된 미시시피의 지분은 어느 만큼이었을까?

우리 대부분은 자기가 정확히 아프리카의 어느 지역에서 왔는지는 몰랐지만, 노소를 불문하고 우리가 힘있는 백인들의 경제적, 도덕적 필요를 충족시키기 위해 미시시피로 데려온 아프리카인 어머니와 아버지와 형제자매의 후손들이라는 것은 알았다. 우리를 법에 따라 동등하게 보호해주려고 여기로 데려온 게 아님을 알았다. 굴종하며 열심히 일하다 죽으라고 여기로 데려온 것임을 알았다.

연회장 곳곳마다 오랜만에 만난 생존자들로 가득했다. 생각하고 춤추고 웃고 거짓말하고 늙은 몸에 새로운 기억을 들려주려고 온 흑인 미시시피인들이었다. 그날 밤 나는 이런 모임이 가족과 자유, 승리에 대한 미국인의 개념을 다시 생각해보려는 우리만의 시도라고 여겼다.

아버지의 형제 중 한 분인 빌리 삼촌—베트남 참전 용사로 이번 가족 모임 계획을 거의 전담했다—이 연회장을 떠나기 전에 정치 얘기를 하고 싶어했다.

나는 그에게 오바마 대통령 재임 동안 부유한 백인들은 더 부유해졌으며 가난한 백인들은 일자리를 되찾고 그 어느 때보다도 보험 혜택이 커졌다고 말했다. "미국 백인들에게 오바마보다 더 나은 대통령은 앞으로도 없을 것"이라고 말했다. "오바마만큼 백인을 사랑하는 사람은 처음 봤습니다. 본인이나 가족이 백인들한테 지독하게 당했던 일을 전혀 억울하게 여기지 않는 것처럼 굴잖아요. 백인 대다수는 아직도 그 깜둥이를 싫어하는데 말이죠."

삼촌은 눈도 깜빡하지 않고 제자리에 가만히 서 있기만 했다. "그래, 네 말이 맞아." 이윽고 그가 입을 열었다. "하지만 오바마가 여전히 말을 하고 있다는 건 저들이 그를 죽이지 않았다는 뜻이지. 저들이 그를 죽였다면 우리도 다 죽은목숨이나 마찬가지야. 우리 사정 알잖아. 내가 보기엔 이득 같은데."

은유적인 의미에서의 죽음을 말하는 거냐고 빌리 삼촌에게 물었다.

"조카야, 상징은 중요해." 그가 말했다. "오바마가 아직 멀쩡히 살아 있다는 건 우리에게나 전과가 있는 모든 흑인에게 이득이야. 지금의 이 미국 말이야."

……모든 사람에게 자유와 정의가 함께하고……

내가 미시시피 공립학교에서 처음 체벌을 받은 건 3학년 때였다. 일어나서 국기에 대한 맹세를 암송하라는 말을 듣지 않았기 때문이다. 우리 교실의 성조기는 남부연합의 상징이 보이지 않을 수가 없는 주 깃발 바로 옆에 걸려 있었다. 고작 3학년이던 나는 그다지 아는 게 없었지만, 내가 나고 자란 잭슨이 한 번도 해외로 나가서 싸운 적 없는 미국의 흑인 자유 투사 수천 명의 고향이라는 사실은 알았다. 그 멋진 투사들은 지구상에서 가장 애국심이 강하고 도덕적으로 가장 끔찍한 괴물 같은 미국인들을 상대로 작전을 짜고 조직을 결성해 맞서 싸움으로써 내가 자유를 누릴 수 있게 해주었다. 지금까지도 나는 미국 국가와 국기에 대한 맹세가 나올 때 자리를 지키고 앉아 있는다. 흑인 자유 투사들은 성조기와 남부연합기, 미시시피 주기로 무장한 도덕적 괴물 같은 백인 애국자들이 미국 흑인을 사랑하는 행위는 흉악한 죄임을 보여주었는데도 감히 나와 그들 자신을 사랑했기 때문이다.

이상하게 들리겠지만 내가 국기에 대한 맹세나 국가에 맞춰 일어나지 않는 이유는 새집 밖에서 나부끼는 성조기를 아직 치우지 않은 이유와도 같다. 이 세상에 있는 모든 성조기는 두들겨맞고, 피 흘리고, 색이 바래고, 약하고, 허물어져가고, 간신히 붙어 있고, 지독하게 악취를 풍기고, 자신을 잔뜩 의식하는 것처럼 보여야 할 것 같다. 어쨌든 내 생각은 그렇다.

미국의 상징과 미국의 선택은 중요하다. 내가 언제까지 이 동네에 살지는 모르겠다. 내가 여기 머무르는 동안 더 많은 흑인이 이사오도록 부추긴다면 이 동네가 어떻게 될지도 모르겠다. 어쨌든 이곳에 사는 동안 매일매일, 나는 지금처럼 밖에 성조기를 걸어놓거나 아니면 다른 방법을 선택할 것이다. 어떤 날엔 빨강, 검정, 초록(NAACP가 1920년에 채택한 범아프리카색. 빨강은 흑인들이 독립을 위해 싸우다 흘린 피, 검정은 흑인의 검은 피부, 초록은 아프리카의 풍요로운 자연을 상징한다. - 옮긴이)이 칠해진 자유의 깃발을 내걸 것이고, 어떤 날엔 아무 깃발도 걸지 않을 것이다. 내가 집밖이나 집안에 무슨 기를 걸기로 선택하든 수많은 백인 미국인과 백인 미시시피인은 **자기들의** 흑인과 멕시코인, 무슬림들이 계속 수동적이고 애국적이며 우리에게 **주어진** 제한된 선택에 감사해야 한다고 우길 것이다.

나는 흑인 미시시피인이고, 흑인 미국인이다. 나는 미국 사회의 박해 앞에서 결코 수동적이거나 애국적으로 굴거나 감사하지 않겠다고 맹세한다. 우리를 먹여 살리고 있다고 생각하는 독선적인 미국의 손을 항상 신중하게 물어버리겠다고 맹세한다. 미국이 미시시피와 마찬가지로 깨끗하지도, 위대하지도, 순수하지도 않다는 사실을 우리가 인정하지 않는 한, 모두를 위한 자유와 평화, 정의 따위는 결코 이루어지지 않을 수도 있다는 가능성을 끊임없이 염두에 두기로 맹세한다.

내가 어떤 사람이 될 것인지, 혹은 어떤 상징물에 의미를 부여할 것인지 선택함에 있어서 절대 백인 미시시피인들과 백인 미국인들에게 휘둘리지 않겠다고 맹세한다. 미국의 이상에 부합하는 애국심과 남성성에 휩쓸려 엄격하고, 폭력적이고, 진부하고,

성마르게 구는 일은 없을 거라고 맹세한다. 늘 어제보다 더 우리 쪽 사람들과 나 자신을 격하게 사랑할 것을 맹세한다. 정당하게 이기고 품위 있게 지는 것이 가능한, 그런 자유를 영위하겠다고 맹세한다. 절대로 비겁함과 용기를 혼동하지 않겠다고 맹세한다. 내가 이 모든 맹세를 할 수 있게 해준 미시시피의 자유 투사들에게 충성을 맹세한다. 이후에 나올 어린 미시시피 해방 투사들에게 충성을 맹세한다.

이것이 나의 미국, 나의 미시시피에 대한 맹세이다. 나의 고향에 대한 맹세이다.

지금 그대들은 기립하겠는가?

3부
스토리텔링의 기술
(프리퀄)

30년간 일주일에 5일, 매일 오전 6시부터 오후 5시까지, 우리 할머니 캐서린의 열 손가락과 손바닥과 손목은 죽은 닭의 배 속 깊은 곳을 헤집고 다녔다. 할머니는 미시시피 중부에 있는 어느 닭 공장의 묵묵한 일꾼이었다. 하루에 닭 수천 마리의 배를 가르고 내장을 빼내는 게 할머니의 일이었다. 할머니는 매일 새벽 4시 30분에 일어났다. 먼저 샤워를 한 뒤 우리에게 먹일 그리츠(미국 남부지역에서 아침식사로 즐겨 먹는 옥수수죽 - 옮긴이)와 훈제 소시지, 배 절임을 준비했다. 아침 식사가 끝나면 "비타민을 보충"해야 한다며 내게 대구 간유 한 티스푼을 먹였고, 그런 다음엔 가슴골에 파우더를 바르고 전날 밤에 다려놓은 옷을 입었다. 그 당시 열 살이었던 나는 여름 동안 할머니와 함께 지내고 있었다. 아침 준비를 하는 할머니의 모습에 감탄하는 한편,

집을 나서면 바로 더러워지는데 왜 그리도 산뜻하고 깔끔하게 단장하실까, 의아해하던 기억이 난다.

"이 일엔 여러 층이 있어." 할머니는 당신이 하는 일을 사람들에게 설명할 때 이렇게 말하곤 했다. 그녀는 닭 공장이 인종과 젠더에 대한 공포의 실험실이라는 걸 알고서 매일같이 그곳으로 들어갔다. 그런 환경에서도 할머니는 자기 일에 가장 뛰어난 사람이 되고 싶어했다. 그 공장에서 가장 뛰어난 배 가르기 담당만이 아니라, 미시시피에서 가장 양식에 맞고 효율적으로 일하는 최고의 일꾼이 되고자 했다. 할머니는 당신의 일을 지켜보는 관객이 동료 일꾼들이나 백인 남자들로 이루어진 교대조 감독들만이 아님을 잘 알았다. 당신보다 앞서 일했던 모든 남부 흑인 여성 노동자, 그리고 무엇보다도 이후에 나올 모든 남부 흑인 여성 노동자가 할머니를 지켜보는 관객이었다.

하루가 저물어 2톤짜리 파란색 임팔라가 다시 우리가 사는 샷건 하우스의 진입로로 느릿느릿 들어올 때면 나는 할머니를 마중하러 뛰쳐나가곤 했다. "아이고, 내 새끼." 나를 본 할머니가 말했다. "우리 손주를 안아주기 전에 구린내 나는 이 손부터 씻자꾸나."

이 구린내(stank)는 그 악취(stink)가 아니었다('stank'는 아프리카계 미국인 사회에서 흔히 사용하는 'stink'의 속어 표현이다. 원래 두 단어의 의미에는 별 차이가 없지만, 이 글에서 저자는 'stank'를 자신의 할머니나 남부 흑인 사회와 연결 지어 일반적인 악취(stink)와 구분되게 사용하고 있으므로 번역에서도 편의상 '구린내'와 '악취'로 표현을 달리했다 – 옮긴이). 이 구린내는 남부 흑인 사회의 가난의 뿌리이자 찌꺼기였으며, 남부 흑인의 노동력과 남부 흑인의 탁월함, 남부 흑인의 상상력, 남부 흑인 여성의 마법 같은 힘의 가치를 떨어뜨렸다. 그것은 남부 흑인의 삶과 사랑, 노동의 근원을 이루는 구린내였다.

나는 고작 열 살의 나이에도 이 구린내의 존재와 필요성이 일요일마다 할머니가 어떻게 행동할지에 영향을 준다는 것을 알았다. 콩코드 침례교회의 수석 안내원이었던 할머니는 때때로 다른 모든 안내원이 입은 것과 같은 흰색 폴리에스테르 유니폼을 입었다. 그렇게 교회에 가는 일요일이면 할머니는 형형색색의 진주와 가짜 금목걸이를 늘어뜨리거나 라스베이거스에 사는 린다 이모에게 받은 반짝거리는 구두를 신는 등 다른 안내원들보다 더 참신한 모습으로 치장하는 데 골몰했다. 그리고 칙칙한 안내원 유니폼을 입지 않았을 때 할머니의 복장은 언제나 이번주가 지난주보다 더 참신해야만 했다.

당신이 입었던 복장보다 더 참신하게 입는 데 전념한 만큼, 할머니는 토요일 밤마다 늦게까지 깨어 계셨다. 마치 마법사처럼 1984년도 블라우스의 천 조각들을 떼어다가 1969년도 드레스에 꿰매 붙이는 식의 작업을 했다. 일요일마다 할머니의 주요 관객이 된 교회 자매님들은 할머니의 옷차림을 감탄과 질투어린 얼굴로 쳐다보았고, 할머니가 애틀랜타 패션업계와 무슨 연계가 있거나 몇 가지 비밀스러운 수입원이 있을 거라 짐작했다. 실상은 전혀 그렇지 않았다. 그것은 그저 할머니가 직장 생활의 구린내를 종교 공동체 생활로 옮겨놓는 방식일 뿐이었고, 어릴 적 나는 그 방식을 좋아하고 재미있어했다.

내가 할머니의 구린내나 참신함에 관해 온전히 이해하거나 큰 감흥을 받게 된 건 그로부터 수년이 지나 조지아를 중심으로 활동하는 아웃캐스트(OutKast: 안드레 3000과 빅 보이로 구성된 미국 남부 힙합 듀오-옮긴이)라는 뮤지션들의 〈ATLiens〉와 〈Aquemini〉 앨범을 듣고 나서였다.

• • •

1996년 대학 3학년 생활이 막 시작된 무렵의 어느 날, 오하이오주 오벌린대학의 기숙사 방에서 나와 체육관으로 걸어가고 있을 때였다. 테네시주 클락스빌 출신의 남부 흑인 친구인 존 노리스의 방에서 처음 듣는 음악과 익숙한 목소리가 쾅쾅 울려나왔다.

······내가 뱉는 독백이 누군가에겐 삼키기 힘든 것일지라

도 그건 대구 간유도 마찬가지야.

나는 리버브가 걸린 베이스 위로 대구 간유에 관한 가사를 읊는 래퍼가 누굴까 궁금해하면서 곧장 존의 방으로 들어가서 물었다. "이게 대체 뭐야?" 그 곡은 〈ATLiens〉 앨범에 수록된 'Wheelz of Steel(강철 바퀴)'이었다. 노리스는 그 앨범 시디를 건넸다. 일러스트로 된 앨범 표지는 무슨 만화책 표지 같았다. 팔이 네 개 달린 괴생명체 앞에서 두 주인공이 등을 맞대고 선 모습이었는데, 빅 보이는 야구 점퍼를 입고 애틀랜타 브레이브스의 팀 로고가 새겨진 모자를 오른쪽으로 비뚜름하게 썼고, 안드레는 우리 할머니와 엄마나 감동할 법한 초록색 터번을 머리에 두르고 있었다. 빅 보이는 당장이라도 싸울 것처럼 주먹을 꽉 쥐었고, 안드레는 주술을 부릴 것처럼 손가락을 쫙 펴고 있었다.

나는 존과 함께 그 앨범을 두 번 들은 뒤, 친구의 초록색 지오를 빌려 타고 일리리아까지 가서 〈ATLiens〉 앨범을 직접 구매했다. 당시에 내가 마르고 닳도록 듣던 또다른 앨범인 애틀랜타 힙합 그룹 구디 몹(Goodie Mob)의 〈Soul Food〉—안드레가 피처링으로 참여한 수록곡 'Thought Process'는 그보다 일 년 전에 미시시피를 그리워하는 슬픔 속으로 나를 몰아넣은 적이 있었다—와 마찬가지로 〈ATLiens〉는 남부 흑인의 삶을 드러내는 데 있어 거침이 없었다. 〈Soul Food〉가 그랬듯이

〈ATLiens〉 역시 죽음의 필연성과 새로운 삶, 새로운 운동, 새로운 힘의 가능성을 파고들었다.

그런데 이번엔 뭔가가 달랐다.

아웃캐스트라면 이미 알고 있었다. 그들의 첫 앨범 〈Southernplayalisticadillacmuzik〉를 좋아했는데 펑크와 소울을 영리하게 랩에 접목한 방식이 특히 마음에 들었다. 그러나 〈ATLiens〉는 그때껏 내가 듣거나 상상했던 어떤 것과도 다른 사운드였다. 보컬 톤은 익숙했지만, 라임 패턴과 곡 구성, 프로듀싱은 황토, 걸쭉한 버터 같은 그리츠, 초콜릿 바를 삼등분해 넣은 것 같았다. 〈ATLiens〉 같은 사운드는 어디에도 없었다. 그 앨범은 내가 음악에 기대하는 것뿐 아니라 남부 출신의 젊은 흑인 예술가로서 나 자신에게 갖는 기대까지도 순식간에 바꿔놓았다.

그즈음 나는 이미 내가 작가가 되리라고 확신하고 있었다. 내가 쓰는 글로 먹고살 수 있을지는 알 수 없었지만, 글을 쓰면서 남부끄럽지 않은 인간이 되어야 한다는 것만은 알았다. 나는 잉크와 종이를 써서 에세이를 통해, 그리고 때로는 풍자문학을 통해 무언가를 증명하고 기억하고자 했다. 나는 모방하고 있었고 어쩌면 질문을 던지고 있었지만, 단어를 활용해 상상을 펼치고 진정으로 혁신하는 법을 과연 제대로 알았는지는 잘 모르겠다. 나를 가르쳤던 영어 선생님들은 하나같이 "나만의 목소리"를 찾는 일이 얼마나 중요한지 강조했다. 그 말은 언제나 나를 혼란스럽게 했다. 내가 알기로는 우리는 모두 너무나 다양한 목소리와 다양한 청중을 가지고 있는데, 선생님들이 정말로 원하는 건 다리를 꼬고 앉아〈뉴욕 타임스〉를 읽는 부류의 목소리 같았기 때문이다. 나는 그렇게 다리를 꼬고 앉은 목소리를 찾으려 굳이 애쓸 필요도 없었다. 그 목소리야말로 교육과정에서 가장 먼저 얻어야만 했으므로.

영어 선생님들이 말해주지 않았던 것은 문학적 목소리는 완전히 갖춰진 상태로 발견되지 않는다는 사실이었다. 문학적 목소리는 처음부터 타고나거나 저절로 생기지 않는다. 문학적 목소리는 단지 단어와 구두점, 문장만이 아니라 저자가 겨냥한 청중과 작문의 양식을 통해 점차 쌓이고 형태가 갖춰진다. 나는〈ATLiens〉앨범을 듣고, 토니 케이드 밤바라의 아프리카계 미국인 작가 남부연합을 발견하고, 엄마의 옛 제자이기도 한 힙합 저널리스트 찰리 브랙스턴의 글을 읽고 나서야, 인간이자 예술가로서 내가 가야 할 곳에 당도하려면, 또 내가 품은 기묘하고 구린내 나는 우울감을 해소하려면 소설을 써야 한다는 것을 깨달았다. 토니 케이드와 찰리, 안드레, 빅 보이는 '어쩌면'과 '만약', '아마도'를 거름 삼아 온전히 풍요로워지는 상상의 세계를 만들고 듣는 것이 가능함을 보여주었다.

벽 위쪽으로 아주 조그마한 할머니 사진 옆에 커다란 블랙 라이트닝(DC 코믹스의 아프리카계 미국인 히어로 캐릭터—옮긴이) 포스터가 붙어 있는 기숙사 방에 앉아 있던 때가 기억난다. 계획대로라면 「아몬틸라도의 술통」에 관한 과제물을 작성하고 있었어야 했지만, 실상 나는 아웃캐스트의 'Wailin'을 생각하고 있었다. 그 노래는 우리가 나고 자란 곳의 소리를 모방하는 행위에는 무언가 얻고, 느끼고, 이용할 수 있는 것이 있음을 알려주었다. 미니멀한 훅(hook, 노래에서 강렬한 인상을 남기는 짧은 후렴구—옮긴이)에서 특히 그 점이 두드러졌는데, 그것은 금방이라도 통곡하려는 사람의 반복된 신음소리였다. 내 평생 나이든 남부 흑인들이 있는 자리에서 그런 신음소리를 듣고 살았지만, 라임을 맞춘 두 개의 버스(verse, 전주가 끝나고 본격적인 노래가 나오는 부분으로 흔히 1절, 2절 할 때의 '절'에 해당한다—옮긴이)가 그 소리로 이어지는 걸 들은 경험은 처음이었다. 예술이 그보다 더 참신할 수는 없었다.

90년대 중반에 이르러 힙합은 역사적으로 등한시되던 폭넓은 청중을 이전과 전혀 다른 새로운 방식으로 전면에 끌어들이며 하나의 예술 형식으로 확고히 자리잡았다. 그렇게 많은 단어가 들어 있는 노래는 이전에 없었다. 멜로디랄 게 없는 노래도 그랬다. 45초마다 훅을 반복한다는 생각을 밀어붙인 노래도 그랬다. 많은 남부 출신 흑인 남자들이 그렇듯이 나 또한 뉴욕 힙합을 좋아했다. 다만 대부분의 뉴욕 힙합에서는 사랑받거나 상상의 대상이 된다는 느낌을 받지 못했다.

안드레가 1995년 소스 어워드(Source Awards)에서 "남부는 하고 싶은 말이 있고, 내가 할 말은 이것뿐입니다"라고 말했을 때, 나는 이제 우리가 더는 뉴욕 스타일을 따라가지 않겠다는 그의 뜻을 들었다. 뉴욕의 아티스트들이 별로라서가 아니라, 우리를 사랑하거나 존중하지 않는 악취 때문에 우리 특유의 구린내를 무시하는 건 고장난 엘리베이터를 타고 내려가다가 예술적, 정신적 죽음을 맞는 것이나 마찬가지였기 때문이다.

아웃캐스트를 통해 안드레와 빅 보이는 각자의 개별적인 영역을 개척했으며 사운드적인 대비와 더불어—빅 보이는 가사로 싸웠고 안드레는 가사로 주술을 걸었고— 철학적 대비까지 보여주었다. "나는 마약도 술도 하지 않아서 대낮처럼 깨끗하게 시그널을 수신해"(〈ATLiens〉 앨범 수록곡 'ATLiens'의 가사 일부—옮긴이)라는 안드레의 래핑을 두고 빅 보이를 아주 살짝 깐 게 아니냐고 하던 사람들의 반응이 기억난다. 같은 앨범에서 빅 보이는 "대마초 약간과 술 두어 병을 가져왔으니 세션을 시작해볼까"('Ova Da Wudz'의 가사 일부—옮긴이)라는 가사를 썼던 것이다. 혹여 그 당시 두 사람 사이에 정말로 갈등이 있었다 해도, 내 느낌에 그들은 우리 남부 흑인 남자들이 으레 쓰는 방식으로 그

3부 스토리텔링의 기술

문제를 처리했던 것 같았다. 치고받고 싸우고 더 많은 욕을 하고 껴안은 다음, 가사의 예술을 만드는 길을 그들보다 앞서 걸었던 모든 아티스트들과 마찬가지로 서로를 참신함으로 앞설 준비를 마치고 돌아오는 식으로.

아웃캐스트는 이전과는 다른 구린내를 창조해내기도 했다. 더없이 익숙하면서도 흑인들이 많이 살던 남부 시골 지역에서 탄생한 가스펠, 블루스, 재즈, 록, 펑크의 영향을 받은 남부 어반 구린내다. 그리고 빅 보이와 안드레는 앨범의 트랙마다 서로 경쟁을 벌이는 듯한 가사를 쏟아냈지만, 그와 동시에 두 사람은 하나로 뭉쳐서 뉴욕을 향해 욕을 퍼붓고 울부짖었으며, 시민 평등권 운동 이후의 남부에 반기를 들며 남부의 흑인 남자 청년들에게 바지를 똑바로 올려 입고 분발해서 품위라는 검과 좁은 의미의 탁월함으로 백인 우월주의에 맞서 싸우라고 일갈했다. 〈ATLiens〉 덕분에 나는 흑인으로, 남부 사람으로, 독신으로, 섹시하게, 어색하게, 마약과 술을 하지 않고, 할머니의 손자로, 북극곰의 발톱보다도 더 쿨하게 사는 것을 좋아하게 되었다.

나는 오벌린을 졸업하자마자 인디애나대학교의 예술 실기 석사(MFA) 과정에 장학금을 받고 입학해 소설을 공부하게 되었다. 난생처음으로 맥주 광고 문구부터 성경에 이르는 모든 글에서 내러티브 구조에 관해 비판적으로 고민하기 시작했다. 바로 그 무렵, 로린 힐이 흑인 여성의 가치를 깎아내릴 새로운 방법을 끈질기게 제시하는 문화를 차분히 진정시키고, 그와 경쟁하고, 큰 소리로 부를 수 있는 묘약을 우리 세대에 제공해주었다. 〈The Miseducation of Lauryn Hill〉 앨범에서 나는 스스로가 로린 옆에서 몹쓸 짓을 하는 애인처럼 느껴졌고, 그녀로 인해 안드레와 빅 보이가 둘 사이의 여러 차이점에도 불구하고 처음 두 앨범에서 일종의 흑인 여성 혐오를 똑같이 보여주었다는 점을 고민하게 되었다. 결국 나는 〈Miseducation〉 덕분에 나의 남성 히어로들에게서 더 많은 것을 기대하게 되었다. 그리고 한 달 후, 아웃캐스트는 〈Aquemini〉를 내놓았다.

이 앨범의 중간쯤에 나오는 노래 'West Savannah'는 스킷(skit, 곡 중간에 삽입하는 상황 연출. 웃음을 유발하거나 해학, 풍자를 담아내는 용도로 쓰이며 힙합 음악에 자주 등장한다 — 옮긴이)으로 마무리된다. 한 흑인 소년이 친구에게 멋지게 보이고 싶어서 3자 동시 통화로 흑인 소녀에게 전화를 거는 장면이다. 소녀가 전화를 받는 동안 엄마인지 이모인지 할머니인지 모를 여자 어른이 소녀에게 "어서 이리 와"라고 말하는 소리가 들린다. 소녀가 소년에게 이만 가봐야겠다고 하자 소년은 자기 친구가 섹스를 하고 싶어한다고 말한다. 소녀는 그 친구와 섹스할 일은 절대 없다고 단호히 쏘아붙인 뒤 곧바로 전화를 끊어버린다. 그와 동시에 다음 곡인 'Da Art of Storytellin' (Pt. 1)'이 시작된다.

이 곡의 1절에서 빅 보이는 수지 스크루라는 여자와 시디, 포스터 한 장씩을 오럴섹스와 맞바꾸는 식으로 가졌던 성 경험에 관해 라임을 풀어놓는다. 2절에서는 안드레가 수지의 친구 사샤 섬퍼에 관해 랩을 펼친다. 2절의 가사가 진행되면서, 안드레와 사샤는 등을 대고 누운 채로 "하늘에 뜬 별을 바라보며 / 우리가 어른이 되면 무엇을 할지에 관해 이야기한다". 안드레가 무엇을 하고 싶냐고 묻자 사샤 섬퍼는 "살고 싶다"고 대답한다. 이 노래의 마지막은 사샤 섬퍼가 그녀를 함부로 대하는 남자와 사귀다가 약물을 과다 복용했다는 뉴스로 끝난다. 안드레가 같은 앨범에 실린 다른 곡(앨범과 동명의 수록곡 'Aquemini' – 옮긴이)의 가사에 썼듯이 "또다른 흑인의 경험"이었다.

힙합은 지금까지 늘 메타픽션을 수용해왔다. 이어지는 곡— 'Da Art of Storytellin' (Pt. 2)'—에서 빅 보이와 안드레는 지구 환경의 대재앙으로 인해 그들이 마지막으로 녹음하게 될 곡에 관한 가사를 1절씩 선보인다. 예전부터 본인의 라임이 지닌 막강한 힘에 관해 라임을 읊어대는 엠시(MC, 기본적으로 '래퍼'와 같은 의미이지만 힙합 문화 안에서만 사용하는 일종의 은어—옮긴이)는 많았어도 세상의 종말이 라임에 녹아 있는 노래는 난생처음이었다. 안드레는 자기 파트 도중에 우리가 이 곡에 뭔가가 더 있다는 사실을 알아차리게끔 유도한다. "내 말을 못 알아듣는 게 아니길 바라지만 설사 그렇다 해도 나중엔 알게 될 거야."

빅 보이는 요한계시록에 빗대어 회개하고 천국에 가려다가 실패하는 몇몇 농구 선수들을 언급한 다음 가족을 데리고 던전, 즉 애틀랜타에 있는 그들의 지하 스튜디오—노래를 듣는 이는 그곳이 벙커라고 쉽게 연상할 수 있다—로 가서 최후의 한 곡을 녹음할 거라는 내용의 라임을 풀어놓는다. 세상이 끝나려 한다. 그는 마이크를 잡는다. "…… 비트는 아주 지저분하고 보컬에는 디스토션을 걸었어!" 이 마지막 내용은 당연히 우리가 듣고 있는 트랙을 묘사한 것이므로, 곡에서 다루는 가상의 종말을 우리가 사는 현실 세계로 끌어온다.

〈Aquemini〉가 발매될 당시에 나는 옥타비아 버틀러의 『킨』을 읽고 있었다. 그 모든 구린내에 푹 빠져 있던 나는 부모님이 실종된 어느 남부 흑인 소녀가 쓴 책 속의 책 속의 책을 구상했다. "나는 뚱뚱한 도망자 캐릭터다."가 내 책 속의 화자가 쓴 첫 문장이었다. 나는 소녀를 엠시로 설정하기로 했지만, 그녀의 이름은 정하지 못했다. 다만 소녀가 세상 사람들에게 자신이 생략 부호라고, 자신의 남부 흑인 공동체가 이 세상에서 삭제되는 것을 막기 위해 무슨 짓이든 불사하는 도망자 생략 부호라고 말한다는 건 확실했다. 나는 〈Aquemini〉를 계속 틀어놓은 채로 『킨』의 여백에 이런 메모를 끄적거렸다. 'Liberation'이라는 노래가 끝날 무렵, 나의 첫 소설 『기나긴 분열*Long Division*』이 세상에 나왔다.

이 에세이 작업을 위해 안드레와 빅 보이를 인터뷰하려고 생각했다. 올해 내가 미시시피대학의 상주 작가 자격으로 들어와 있는 이 큰 집에서 그들을 하룻밤 묵게 할 작정이었다. 할머니를 초대할 계획도 세웠다. 우리 넷이 모이면 필연적인 구린내의 실체를 파헤칠 수도 있고, 어쩌면 '누가 더 참신한가: 조지아 대 미시시피'(아웃캐스트 멤버들은 조지아주 출신이고 키에스 레이먼과 할머니는 미시시피주 출신이다 - 옮긴이) 게임을 해도 좋지 않을까 생각했다. 그러나 그 인터뷰는 불발되었고, 할머니는 옥스퍼드에 오지 않으려 하셨다. 이곳에서 할머니가 아는 흑인은 내가 전부인데 할머니는 아는 흑인이 많지 않은 장소는 피하시는 경향이 있기 때문이다.

비록 성사되지는 못했어도 나는 그 만남을 계속 상상했다. 그리고 빅 보이와 안드레에게 도대체 무슨 말을 할 것인지 여러모로 생각했다. 그토록 쩌는(dope) 사람들이지만 나는 그들의 예술에 관해 묻고 싶은 말이 없다. 나는 그들의 예술을 경험했고, 그들이 우리가 나고 자란 지역의 전통과 주파수를 확장한 것에 감사한다. 솔직히 그 두 사람에게 묻고 싶은 걸 꼽자면 그들의 할머니들에 관한 이야기뿐이다. 할머니들이 그들을 아름답다고 여기셨는지 알고 싶다. 할머니들이 사랑받길 원하셨는지 알고 싶다. 세상이 그리 친절하지 않았던 날에 두 사람이 자기 할머니에게 얼마나 많은 사랑을 드렸는지 알고 싶다.

우리 할머니가 닭 내장과 파우더, 향수, 땀, 코카콜라 냄새를 풍기지 않고 직장에서 돌아온 날, 나는 할머니가 공장에서 일할 날이 끝났다는 걸 알았다. 그날—일하려 해도 할머니의 몸이 더는 말을 듣지 않게 된 날—나는 앞으로 평생 할머니를 공경하고 할머니가 원하는 만큼 참신하게, 잊히지 않고 지내시도록 노력할 것임을 알았다.

근래 들어 할머니는 당뇨병 때문에 주로 휠체어로 움직이지만 그래도 여전히 내가 사는 세상에서 가장 참신한 사람이다. 외관상으로 나는 그리 참신하지 않다. 매일 차림새가 똑같으니까. 하지만 나는 정직과 의지, 상상력에 뿌리를 둔 구린내나는 예술을 창조하는 데 열심인 남부 흑인 노동자다.

이번 주말에는 차를 몰고 미시시피 중부의 할머니 집에 가려고 한다. 컴퓨터도 가져갈 작정이다. 할머니의 예술적인 노동 의식을 아웃캐스트와 나란히 비교하며 다룬 이 에세이를 마무리하는 동안 내 곁에 앉아 계시라고 할 참이다. 글을 마무리하는 동안 할머니의 침상에 〈ATLiens〉와 〈Aquemini〉 앨범을 틀어둘 것이고, 할머니의 구린내에, 할머니의 참신함에 감사를 전할 가능한 방법을 모조리 생각해볼 것이다. 할머니 덕분에 책임감 있게 사랑받는다는 게 어떤 것인지 알게 됐다고 말씀드릴 것이다. 할머니의 사랑 덕분에 내가 다시는 경청하거나 기억하거나 상상하고 싶지 않았을 때도 경청하고 기억하고 상상할 수 있었다고 말씀드릴 것이다. 이 글의 마지막 문단을 할머니에게 읽어 드리고, 할머니가 내 목을 껴안으면 세상의 그 누구도 내가 아름다운 남부 흑인 아이라고 믿어주지 않았을 때 할머니만은 그렇게 믿어주었다고 말씀드릴 것이다. 할머니의 믿음이야말로 내가 여전히 살아 있는 이유이며 남부 흑인의 사랑에 대한 믿음이야말로 우리가 일하는 이유라고, 그렇게 말씀드릴 것이다.

4부

옥스퍼드 사람들의 방식

"노예들이 남부연합기를 걸어놓은 곳에서 태어나고 자란……."
― 빅 크릿(Big K.R.I.T. 미국 미시시피주 출신의 흑인 래퍼 겸 프로듀서―옮긴이)

미시시피주 옥스퍼드에 태양이 작열하고 있다. 지금은 9월 첫 주 토요일, 오전 11시 5분이다. 나는 미국 국가가 울려퍼지는 보트-헤밍웨이 스타디움에 서 있다. 대학에서 쫓겨난 후 이곳을 떠난 지 20년이 되었지만, 미시시피는 여전히 고향이다.

 오늘은 공식적으로 미시피대학의 화이트아웃 데이(대학 미식축구 경기에서 관중들이 모두 흰옷을 입고 입장하는 행사―옮긴이)다. 나는 미처 몰랐던 사실이다. 그래서 나는 지금 카무플라주 반바지와 런 디엠시(Run DMC. 1980년대 힙합을 대표하는 선구적인 그룹―옮긴이) 로고가 새겨진 검정 티셔츠, 색 바랜 빨간색 운동복 점퍼 차림에 넓적한 형광색 끈이 달린 검정 아디다스 운동화를 신고 몽고메리 비스킷츠(앨라배마주 몽고메리시를 연고지로 삼고 있는 미국프로야구(MLB) 마이너리그 팀―옮긴이) 모자를 왼쪽으로 삐딱하게 젖혀 쓰고 있다. 수천수만의 백인 젊은이들이 흰색 폴로셔츠와 빈야드 바인스의 클럽 반바지를 입고 있다. 일부는 갈색 카우보이 부츠를 신었고, 그보다 많은 이들이 내 평생 처음 보는 길고 하늘하늘한 흰색 드레스 차림이다.

문득 궁금해진다. 정해진 의식을 통해 남부에 안도감과 획일성을 부여하는 대가는 누가, 그리고 무엇이 치를까. 미시시피대학의 미식축구 프로그램을 위해 뛰는 대학생 선수들의 등에서 눈을 뗄 수가 없다. 그들의 유니폼은 선명한 핏빛이다. 출전 선수 스물두 명 중에 스무 명은 나처럼 흑인이다.

엉뚱한 유니폼을 입었다가 미시시피에서 난생처음 호되게 맞았던 일도 생각난다.

아홉 살 때였다. 나는 미식축구 연습 시간에 입을 언더셔츠와 저지셔츠가 필요했다. 엄마는 잭슨주립대학에서 강의하느라 바빴기 때문에 가르치는 대학원생 한 명에게 방과후에 나를 데리고 대신 쇼핑을 가달라고 부탁했다.

매장에는 잭슨 스테이트 타이거스(잭슨주립대학의 미식축구팀─옮긴이)의 푸른색과 흰색이 섞인 저지셔츠들이 걸려 있었다. 내가 속한 팀의 다른 남자아이들은 모두 그 저지를 입었다. 타이거스 저지 뒤에는 할인가가 붙은 연습용 저지들이 있었는데, 등번호 위에 흰색 필기체로 '올레 미스'와 'SEC'라고 적혀 있었다.

나는 '올레 미스'가 어디에 있는지도 'SEC'가 무슨 뜻인지도 몰랐고, 미시시피가 1972년에 마지막으로 통합된 SEC 미식축구팀이라는 사실도 몰랐다. 80년대 중반에 미식축구를 즐기고 사랑했던 잭슨 출신의 흑인 남자아이답게, 나에게 있어 대학 미식축구란 SWAC(남서부 체육 연맹. 미국 남부 지역의 전통적인 흑인 대학들로 구성된 대학 체육 연맹 – 옮긴이)에 속한 전통적인 흑인 대학들이 시작이자 끝이었다.

잭슨시의 북쪽에 살든 서쪽에 살든, 혹은 부모님이나 조부모님이 잭슨주립대학 졸업생이든 직원이든 상관없이, 누구나 타이거스에 관해 얘기할 때면 '우리'를 들먹였다. 그리고 우리 중 대부분은 알콘주립대학, 서던대학, 미시시피밸리주립대학, 그램블링주립대학 중에 차애팀이 있었다.

우리는 우리 주에 있는 백인 학교들의 이름도 몰랐고, 그 학교들의 팀에서 뛰거나 그와 맞붙는 선수들의 이름도 허셜 워커 말고는 전혀 몰랐다. 솔직히 그 백인 학교들 중 일부가 과거에 흑인 학생 선수를 받지 않거나 흑인 학생 선수를 받는 타대학과 시합을 하지 않았다는 것조차 몰랐다. 수없이 많은 NFL(미국 프로 미식축구 연맹)의 전설적인 선수들이 SWAC에서 배출된 것은 그곳이 우리 지역 최고의 미식축구 전통을 가지고 있기 때문일 거라고 지레짐작했다. 우리는 역사상 가장 강력한 공격형 라인맨으로 손꼽히는 재키 슬레이터와 최고의 러닝백 월터 페이튼이 잭슨주립대학 팀에서 뛰었다는 건 알았다. NFL의 가장 위대한 수비 엔드 중 한 명인 디콘 존스, 당대에 미국 전역에서 가장 월등한 대학 선수였던 제리 라이스가 미시시피밸리 주립대학에서 뛰었다는 것도 알았다. 그리고 프랜싱 제이-세츠(Prancing J-Settes)와 소닉 붐 오브 더 사우스(Sonic Boom of the South)—잭슨주립대학의 진짜배기 댄서들과 우레 같은 밴드—가 지상 최고의 하프타임 공연을 선보였다는 건 모르는 사람이 없었다. 상대가 이런 사실을 하나라도—혹은 전부—모르는 사람이라면 우리는 그 사람과 굳이 알고 지내려 하지 않았다.

그전까지 엄마는 내게 직접 옷을 고르게 한 적이 없었다. 빨간색 올레 미스 저지의 왼쪽 구석에는 금요일 저녁마다 할머니와 같이 시청한 〈해저드 마을의 듀크 가족 The Dukes of Hazzard〉(1979년부터 CBS에서 방영된 시트콤 드라마—옮긴이)에서 리 장군(드라마 주인공이 분신처럼 여기는 자동차의 애칭—옮긴이)의 몸체 지붕에 있던 것과 똑같은 그림이 새겨져 있었다. 저지 바로 옆에는 재고 정리 세일 중인 흰색 티셔츠들이 걸려 있었는데 각 티셔츠의 앞판 중앙에는 묘한 인상의 포주처럼 생긴 백인 영감이 서 있었다.

내게 이 포주 영감은 처음 보는 얼굴이었다. 길고 흰 콧수염이 움푹 팬 뺨 위로 뻗어 있었다. 빨간색 슈트를 입고, 역시 빨간색의 커다란 포주 모자를 썼다. 오른손은 등뒤로 뒷짐을 졌다. 선 상태에서 왼쪽 다리를 오른쪽 다리 앞으로 멋부리듯 슬쩍 꼬았고, 왼손은 빨간 지팡이를 잡고 있었다. 지팡이를 짚고 선 백인 포주 영감은 건장함을 뺀 보스 호그(〈해저드 마을의 듀크 가족〉의 등장인물 – 옮긴이)처럼 보였다.

연습을 마친 후, 엄마가 나를 데리러 왔을 때 나는 새로 산 올레 미스 저지를 입고 있었다. 엄마는 운동장으로 걸어오더니 어깨 보호대 아래 내 팔뚝 살을 꼬집으며 얼른 차에 타라고 말했다. 엄마는 계속 내 유니폼에 대해 이것저것 따져 물었지만 나는 엄마가 왜 화가 났는지 영문을 몰랐다.

나의 유년 시절에 나를 훈계할 때면 엄마는 대개 어른스럽게, 아이에게 하듯이 나를 꾸짖었다. 하지만 이번 올레 미스와 관련된 꾸지람과 그에 이은 스타카토식 가르침은 다 자란 성인을 대하는 것 같은 방식이었다.

엄마는 내가 입은 저지에 그려진 남부연합기가 미시시피에서 일어난 린치 행위와 인종 테러, 수세대에 걸친 흑인 빈곤에 얼마나 결정적인 역할을 했는지 설명했다. 엄마의 어머니, 그러니까 우리 할머니가 고작 옥수숫가루를 받았다고 그 깃발을 내건 백인들의 감시하에 하루 열다섯 시간씩 일했다는 이야기도 했다.

한바탕 꾸지람과 훈계를 한 뒤, 엄마는 레브 대령(미시시피대학교 스포츠 팀인 '올레 미스 레벨(Ole Miss Rebels)'의 공식 마스코트 – 옮긴이)이 늙은 백인 포주처럼 생겼다는 내 말에 소리 내어 웃었다. "이 집에서 포주가 사랑이나 관심을 받는 일은 절대 없을 거야, 키에." 엄마가 내게 말했다.

나는 엄마에게 왜 흑인이 남부연합기를 찬양하는 학교에 가느냐고 물었다.

"그건 남부연합기보다 큰 문제야." 잠자리에 들기 전에 엄마가 했던 말이 기억난다. "그 깃발은 상처에 모욕까지 더하는 셈이거든."

그날 밤, 초등학교 3학년생이었던 나는 미시시피 주기나 남부연합기, 혹은 우리 미시시피 가족과 흑인들의 삶과 노동의 가치를 깎아내리는 그 어떤 깃발이라도 있는 교실에서는 절대 국기에 대한 맹세 시간에 자리에서 일어나지 않으리라고 결심했다.

그리하여 나는 미시시피대학 미식축구 경기에 처음 온 오늘 이전까지는 그 결심을 지켰다. 옥스퍼드에 머무르는 이상한 4주가 끝날 무렵엔 얼마나 더 많은 결심이 깨져 있을까? 새삼 궁금해지는 시간이다.

첫째 주

옥스퍼드에는 2년 전 책 홍보 투어 중에 처음 와보았다. 할머니와 엄마는 가로등이 켜지기 전에 시내를 벗어나라는 약속을 나에게서 받아냈다. 미시시피대학의 문예 창작 프로그램에서 나를 올해의 존 앤 르네 그리샴 상주 작가로 선정했을 때, 우리 가족은 최악의 경우를 예상했다. 나 또한 그랬다.

지금 나는 '에이잭스 다이너'라는 식당에서 내 평생 가장 맛있는 스쿼시 캐서롤을 먹고 있다. 에이잭스는 옥스퍼드의 경제 및 문화 중심지인 코트하우스 스퀘어에 자리잡고 있다. 식당에는 백인 손님들이 잔뜩 있고, 레이 찰스를 비롯한 흑인 블루스 음악가들의 그림 여러 장이 벽에 붙어 있다. "지금도 좋긴 한데, 러닝 게임(미식축구에서 패스보다는 달리는 것을 기본으로 하는 공격 방식―옮긴이)을 해야 해." 이런 말을 두 번이나 들었다.

은켐디체며 래러미, 라퀸, 파돌 같은 이름이 계속 귀에 들어온다.

잭슨에서 한참 먼 곳에 있는데도 에이잭스에서 느끼는 맛과 냄새, 그리고 사람들이 이름을 발음하는 리듬이 고향을 떠올리게 한다. 나는 지난 14년간 뉴욕주 업스테이트 지역의 한 대학에서 강의를 하고 글을 쓰며 살았다. 그 14년 동안 백인이 이런 말을 하는 건 한 번도 들어보지 못했다. "오늘 콜라드가 아주 좋아."

내 옆 테이블에 앉은 백인 남자가 아까부터 계속 이 말을 하고 있다. 나는 남자의 음식 품평에 연결 동사가 빠진 것이 마음에 든다. 이곳 옥스퍼드 백인들이 우리 음식을 먹으며 우리와 같은 말투를 쓴다는 것에, 비록 그들은 그 사실을 모른다 해도 자부심을 느낀다.

내가 식당을 나서기 전에 주방에서 일하는 흑인 몇 명이 밖으로 나온다. 우리는 눈인사를 한다. 백인들이 우리 음식을 먹는 것이 더는 기분좋게 느껴지지 않는다.

차로 돌아가는 길에 옥스퍼드에서 처음 마주치는 남부연합기 두 개를 목격한다. 하나는 군청 근처에 주차된 픽업트럭 짐칸에서 나부끼고 있고, 다른 하나는 은색 도요타 프리우스의 지붕 위에 2x4인치 블록과 겹겹의 덕트테이프로 장식되어 있다. 프리우스의 범퍼 스티커에 적힌 문구는 'HOTTY TODDY'(하티 토디. 올레 미스 레벨의 응원가 – 옮긴이)다.

나는 뒤로 돌아 더 많은 백인이 에이잭스로 들어가는 모습을 본다. 이어서 광장을 둘러본다. 보이는 풍경에 깜짝 놀라고 만다. 주변에 우글우글한 백인들 때문이 아니라, 인구의 4분의 1은 흑인인 나라에서 어쩜 이렇게 도심에는 흑인이 거의 없고 월마트에는 그토록 많을 수 있을까라는 생각 때문이다. 더 나아가 이런 의문도 든다. 미시시피에서 산 시간만큼이나 다른 지역으로 떠나 있었던 내가 미시시피의 흑인 문화에 대해 소유권을 주장하는 것이 어떤 의미일까라는. 넓게는 미시시피주 전체, 좁게는 옥스퍼드에 대해 비판할 도덕적 권위가 있는 사람은 분명히 있다. 하지만 내가 그 사람인가에 대해서는 전혀 확신이 가지 않는다.

집에서 0.5마일 떨어진 곳에서 나는 구글에 물어본다. "도대체 하티 토디가 뭐야?"

둘째 주

아침에 일어나서 〈클래리언 레저Clarion-Ledger〉(미시피주의 지역 신문 – 옮긴이)에 실린 독자 투고문을 읽는다. 존 그리샴과 몇몇 대학 노동자를 비롯해 주 깃발의 남부연합 상징에 대해 항의한 사람들의 글이다. 그들이 내린 결론은 이렇다. "미시시피의 흑인 주민들에게 그들의 조상들을 계속 노예 상태로 두기 위해 싸운 전쟁을 미화하는 주 깃발이 있는 곳에서 학교를 다니고, 스포츠 경기에 참가하고, 공공 부문에서 일하고, 주방위군에서 복무하고, 일상생활을 지속하라는 것은 한마디로 불공정하고 떳떳하지 못한 짓이다. 이제 미시시피가 모든 주민을 위한 깃발을 내걸 때도 되지 않았는가."

나는 가장 좋아하는 아티스트 중 한 명이자 잭슨 출신인 스킵 쿤에게 연락해서 최근에 불거진 주 깃발 논쟁에 대한 그의 생각을 묻는다. 이 논쟁은 찰스턴 흑인 감리교회 신자 아홉 명이 흑인이라는 이유로 살해당한(2015년 미국 사우스캐롤라이나주 찰스턴의 한 교회에서 백인우월주의자가 일으킨 집단 총기 난사 사건—옮긴이) 후 재점화된 참이다.

"깃발이야 바꾸고 싶은 만큼 바꿔도 좋아." 쿤이 말한다. "하지만 그건 그릇된 해결책이야. 흑인들이 항상 얻어왔던 게 그런 것들이기도 하고. 우리가 평등을 요구하면 통합이 주어졌어. 자유를 요구하면 재건이 주어졌고. 깃발이 바뀌어봤자 내가 처한 실제 현실은 조금도 나아지지 않을 거야."

나는 지금 스킵이 사용한 '해결책'이라는 단어와 독자 투고문에 사용된 '공정'과 '떳떳'이라는 단어에 관해 생각하고 있다. 깃발을 바꾸는 것이 공정하고 떳떳한 해결책이라면, 투고문을 쓴 사람들이 문제라고 생각한 것이 무엇인지 궁금해진다.

잭슨주립대학의 영문학 교수인 노엘 디들라가 3년 전에 스킵을 소개해주었다. 잭슨—특히 잭슨주립대학에서 노엘과 스킵을 비롯한 다수의 문화계 종사자들은 새로운 유형의 구조적 변화를 요구하고 있다. 나는 이번엔 디들라에게 스킵과 같은 의견인지 물었다.

"나는 인류의 이야기에 영원성을 부여하는 지속적인 힘이 상징에 있다고 믿어." 그녀가 대답한다. "하지만 정의와 공평, 구조적 변화, 진실 같은 가치야말로 인종차별주의를 무효화하는 근거가 되어야 해. 그게 아니라면, 깃발을 폐지하는 승리를 거둔다 해도 백인 구세주 콤플렉스와 결합된 백인 우월주의에 뿌리를 둔 무의미한 제스처에 그치고 말겠지. 우리는 마땅히 원칙에 입각하고 지속 가능한 패러다임의 전환을 얻어내야 해."

미시시피주 옥스퍼드에 있는 나는 오늘밤 스킵 쿤과 노엘 디들라, 존 그리샴이 한 말들 속에서 헤매며 잠자리에 든다. 미시시피 흑인들의 삶에 올바른 영향을 주는, 원칙에 입각하고 일관된 패러다임의 변화는 공정하고 떳떳할 것이다. 그렇지만 2013년 기준으로 미시시피 흑인 주민의 40퍼센트가 빈곤선 이하로 생활하고 미시시피의 공교육 정책이 낯뜨거운 수준이며 미시시피에 거주하는 빈곤 아동이 246,000명인 현실에도 불구하고, 내가 그리샴 상주 작가로 선정되어 옥스퍼드에 있다는 사실이 원칙적이고 일관된 패러다임의 변화가 이미 일어났다는 증거라고 확신하는 사람들에게는 뭐라고 말해야 한단 말인가?

새삼 의문이 든다. 미시시피대학의 펠로십을 수락한 것은 공정하고 떳떳한 행동이었을까?

셋째 주

나는 지금 옥스퍼드 체육관의 타원형 운동 기구 위에 앉아 있다. 백인 남자가 베이지색 픽업트럭에서 내려 중식당으로 들어가는 모습이 보인다. 왼쪽 허리에 총집에 든 권총을 차고 있다.

제기랄. 이런 게 옥스퍼드 사람들의 방식이라고?

무장한 남자를 쳐다보고 있는 사이, 땀을 잔뜩 흘린 백인 사내가 내 뒤쪽으로 다가온다. 그는 내가 ESPN을 시청하는 걸 보더니, 그가 "버펄로의 머신 건 켈리"라 부르는 라이언 뷰캐넌이라는 친구와 "쬐그만 흑인 친구 드반테. 드반테 킨케이드" 중에 누가 올해 선발 쿼터백이 될 것 같은지 내 생각을 묻는다.

나는 그 자리에서 바로 결심한다. 다음 소설의 주인공과 주인공의 맞수 이름을 둘 다 드반테 킨케이드로 하겠다고.

집에 오자마자 담당 편집자에게 연락해서 토요일 경기 티켓을 꼭 좀 보내달라고 부탁하자 데이먼 가드너라는 애틀랜타 포토그래퍼와 연결해주겠다고 한다. 알고 보니 데이먼은 배턴루지 출신의 상냥하고 호기심 많은 백인 친구이고, 우리 둘의 티켓은 중앙선인 50야드 선상에서 경기장으로부터 두 줄 떨어진 좌석이다.

미시시피대학의 미식축구 시즌에 대한 기대가 한껏 부풀어 오르기 시작한다.

넷째 주

경기 전날, 데이먼과 나는 미시시피대학의 윌리엄 윈터 인종 화해 연구소에서 일하는 세 여성을 만난다. 이 연구소는 미국에서 인종에 관해 가장 창의적이고 꼭 필요한 활동을 하고 있는 곳이다. 흑인 한국인 혼혈인 멜로디 프리어슨, 그리고 백인인 에이프릴 그레이슨과 제니퍼 스톨먼은 자리에 앉아 대학과 지역, 주에 영향을 끼치는 여러 문제에 관해 이야기한다.

그들은 미시시피대학이 바뀌고 있으며, 때로는 그 변화가 너무 느린 감은 있지만 이제 교직원과 경영진이 백인 우월주의는 물론이고 동성애 혐오와 성차별에 맞설 수단과 언어를 적극적으로 요청하고 있음을 다행으로 생각하고 있다고 말한다. 세라 아이섬 여성·젠더 연구센터와 남부 푸드웨이 연합에서 대단히 중요한 교차 연구가 진행중이라는 점도 강조한다.

"그렇다고 해서 가령 흑인 학생들이 겪는 고통이 이제 사라졌다는 말은 아니에요." 제니퍼가 내게 말한다. "다만 이전에 비해 고통이 줄었다는 뜻이고, 고통을 겪는다 해도 그들은 혼자가 아니에요. 우리가 있으니까요. 또한 '블랙 라이브스 매터(Black Lives Matter, 흑인의 생명도 소중하다)' 운동이 우리가 하는 일에 긍정적인 영향을 준 것도 있고요."

내가 다음날 경기를 보러 가기 전에 그로브(The Grove)에 갈 거라고 하자 멜로디는 소리 내어 웃는다. 그로브는 캠퍼스 중앙에 있는 10에이커의 넓은 땅으로, 미식축구 경기가 있는 토요일마다 재학생과 졸업생 수천 명이 먹고 마시고 테일게이트 파티(tailgate. 주로 스포츠 경기를 앞두고 경기장 주변에서 자동차 뒷문을 열어놓고 음식과 술을 즐기는 미국식 파티 - 옮긴이)를 벌이는 장소다. "저는 이곳이 과거에 보였고 앞으로도 여전히 보일 수 있는 모든 행적에 비판적이에요." 멜로디가 말한다. "그럼에도 이 나라에 사는 모두를 향해 여전히 이렇게 말해요. '우리처럼 제대로 테일게이트 파티를 할 줄 아는 사람들은 없다'고. 내일 보시면 알게 될 거예요, 키에스. 그로브에서 즐길 준비가 되셨기를 바라요."

나는 그로브에서 즐길 준비가 되지 않았다.

데이먼과 나는 윌리엄 윈터 연구소를 떠나 캠퍼스 건너편에 있는 시에라 매니를 만나러 간다. 시에라는 미시시피주 캔턴 출신의 흑인 학생으로 타임지 인터넷판(Time.com)에 글을 기고하고 교내 학생 신문인 〈데일리 미시시피언Daily Mississippian〉에서 논설 담당 기자로 활동하고 있다.

대략 한 시간에 걸친 우리의 대화가 막바지에 이르렀을 즈음 나는 시에라에게 이런 말을 던진다. 사람들이 우리 대학과 지역이 바뀌고 있다는 생각에 집착하는 것처럼 보이는데, 소위 말하는 그 변화에서 흑인 학생들이 중심이 되었는지 주변인에 머물렀는지 궁금하다고.

"이곳은 제 학교예요." 시에라가 모자를 벗어 뜻밖의 선명한 녹색 머리카락을 드러내며 대꾸한다. "이곳에 처음 왔던 날부터 여긴 대학이지 남부연합 캠프가 아니라고 이해했어요."

제기랄. 이런 게 옥스퍼드 사람들의 방식이다.

경기 첫날: UT 마틴
(테네시대학교 마틴캠퍼스)

지각이다. 우리는 9시 30분경 그로브에 도착한다.

배달 음식이 잔뜩 차려진 텐트가 사방에 널려 있다. 방금 내가 지나친 학생 몇몇은 커다란 레브 대령 인형 옆에서 퍼그 한 마리를 들고 맥주통에서 쏟아지는 맥주를 억지로 먹이고 있었다.

"스토리의 방향이 뭔가요?" 데이먼이 계속 내게 묻는다. "텐트에 있는 사람들과 얘기해보실 거예요?"

나는 그에게 원한다면 사람들과 얘기해봐도 좋지만 나는 그냥 보기만 하겠다고 대답한다. 미시시피 흑인이 자랑스럽게 스스로를 레벨이라 부르는 술 취한 미시시피 백인들에게 질문을 해서 좋은 일이 일어나는 경우는 본 적이 없기 때문이다.

데이먼은 나이 지긋한 백인 무리에게 텐트 안에서 사진을 찍어도 되겠냐고 묻는다. 그들의 텐트에는 흰 양초 여러 개와 파란색 레벨 헬멧 하나, 똑같은 레브 대령 사진 두 장 사이에 놓인 해바라기가 잔뜩 꽂힌 커다란 은색 꽃병이 있다.

데이먼이 사진 두어 장을 찍고 난 뒤, 무리의 여자 한 명이 그에게 어느 잡지사에서 나왔냐고 묻는다.

"ESPN입니다." 데이먼이 그들에게 대답한다.

여자는 호기심어린 표정으로 나를 쳐다본다.

"아 참, 먹을 것 좀 드릴까요?"

"감사하지만 괜찮습니다." 내가 말한다.

"정말 괜찮아요?" 여자가 우리에게 생수 몇 통을 건네며 말한다. "여기요. 이거라도 드세요. 밖이 많이 더워요."

밴드가 'Amazing Grace'와 'Swing Low, Sweet Chariot', 'Dixie'를 합친 메들리를 연주하기 시작한다. 이 곡은 1850년대 민스트럴시(Minstrelsy. 19세기에 생겨난 인종차별적인 미국 엔터테인먼트 쇼의 일종. 주로 흑인 분장을 한 백인들이 음악, 춤, 촌극 등 다양한 요소를 섞어 공연했으며, 흑인을 틀에 박힌 모습으로 묘사하며 희화화했다 - 옮긴이)의 시대로부터 유래된 남부연합의 찬가다. 나는 청반바지를 똑같이 맞춰 입은 중년의 흑인 여자와 흑인 남자 옆에 서 있다. 두 사람은 나보다는 조금 덜 혼란스러워 보인다.

밴드의 연주가 거의 끝나갈 무렵 여자 쪽에서 박수를 치기 시작한다.

"'Dixie'에 대고 박수를 친 거야?"('Dixie'는 곡이 연상시키는 이미지와 인기를 끈 시기(남부주들이 남부연합을 형성하고 미합중국으로부터 분리를 선언한 시기) 때문에 인종차별적인 노래라는 논란이 있다 – 옮긴이) 남자가 묻는다.

"우리 교회에서도 저 노래를 연주하거든." 여자가 말한다.

"알았어." 남자가 말한다. "그렇지만 어쨌든 'Dixie'에 박수를 친 거잖아, 아냐?"

"난 여기 있어." 여자가 대꾸하는 순간 그로브에 모인 사람들이 하나같이 큰 소리로 '하티 토디'를 연호한다. "당신이 오자고 했고. 그래서 여기 와 있다고."

경기 초반 채드 켈리가 다모레아 스트링펠로에게 27야드 패스를 한 순간부터 2쿼터 초반 체중이 296파운드(약 134킬로그램)에 달하는 거구의 디펜시브 태클 로버트 은켐디체가 사이드라인 바로 옆으로 발끝으로 껑충 껑충 달려 31야드 터치다운을 성공시킨 순간 사이에 나는 미시시피대학 미식축구팀에 흠뻑 빠지고 만다.

팀이 76대 3으로 대승한 것도 인상적이지만, 대학생 선수들이 공정하고 떳떳한 방식으로 서로에게 귀기울이고 서로를 격려하고 경기장 밖에서 서로를 비평하는 모습을 지켜보다보니 마치 내가 지금 챔피언십 우승팀을 보고 있는 듯한 생각이 든다.

이제 하티 토디가 어떤 건지 알 것 같다.

경기 둘째 날: 프레즈노 스테이트
(캘리포니아주립대학교 프레즈노캠퍼스)

나는 디트로이트 외곽의 메리어트 바에서 경기를 보고 있다.

미시시피가 4쿼터에 50점을 앞서고 있을 때 자주색 LSU팀 모자를 쓴 작은 백인 남자가 자리에 앉는다. "레너드 포네트는 전형적인 터프가이예요." 그가 말한다. "혼자서도 경기를 이길 수 있어요. 우린 상대하기 만만치 않은 팀이에요."

"우리 팀도 마찬가지예요." 내가 그에게 대꾸한다. 나는 옥스퍼드에서 열린 첫 경기 때 입었던 '행운' 문구가 적힌 유니폼을 똑같이 입고 있다. "채드 켈리, 제일런 월턴, 리시버 군단에 조커 선수들까지 전부 진짜배기들이죠. 거기다 우리 팀 수비는 또 어떻고요! 포네트도 훌륭하지만 은켐디체는 국내 최고의 선수입니다. 재고의 여지가 없어요. 다음주에 우리 팀이 앨라배마를 이기지 못할 가능성은 연료가 떨어지는 경우 하나밖에 없습니다. 정말이에요. 우리 팀이 질 일은 없을 거예요."

우리.

73대 21로 상대팀을 대파한 경기가 끝난 뒤에 휴대폰이 울린다.

할머니가 크리스마스에 옥스퍼드에 오시지 않는다는 전화다. 할머니는 옥스퍼드에 한 번도 와보신 적이 없다. 그저 1962년 백인들이 자기네 학교에서 공부하고 싶어한 제임스 메러디스의 열망을 두고 자기들끼리 전쟁을 벌인 일을 기억하실 뿐이다. 할머니는 제임스 메러디스가 도덕적으로 우리보다 못한 이들 곁에서 공부하기 위해 싸울 필요가 없었다는 입장이다. 나는 할머니의 말씀은 잘 알겠지만, 제임스 메러디스가 그렇게 싸우지 않았다면 내가 펠로십에 선정되는 일도 없었을지 모른다고 말씀드린다.

"네가 그 펠로십인가 뭔가를 수락하기로 했을 때 그 학교 사람들은 이득을 봤지." 할머니가 말한다. "네가 집에서 더 가까이 살게 된 건 정말 좋다만, 너한테 득 된 건 하나도 없어."

우리 가족은 다들 할머니가 한번 입장을 정해서 말을 뱉으시면 토를 달지 말아야 한다는 걸 안다. 그래서 나는 관련된 질문을 드린다. 할머니가 우리 주에서 여전히 다니기 겁내시는 지역이 그리도 많은데, 어째서 1950년대에 수많은 우리 흑인들이 중서부의 경제적 자유를 기대하며 미시시피를 떠나는 동안에도 계속 미시시피에 머무셨냐고.

"땅 때문이지, 키." 할머니가 말한다. "우리가 이 땅을 일구려고 오죽 열심히 일했어야지. 우리 같은 일부는 이 땅에도 언젠가 자유가 오리라 믿었어. 내가 해줄 수 있는 말은 이게 다야."

나는 할머니에게 지금은 이 땅에 자유가 왔는지 묻는다.

"여기 백인들은 내가 살아온 오랜 세월 동안 우리가 흘린 피땀으로 잘 먹고 잘살았어. 이제 난 지쳤다, 키. 나는 내 삶을 사랑하지만 우리가 열심히 일한 대가가 어떤 건지 알아. 우리가 어떤 걸 얻었어야 했는지도 알고. 우리가 일한 대가가 뭔지는 저들도 알아. 저 사람들도 자기네가 뭘 가져갔는지 알지."

경기 셋째 날: 앨라배마

나는 브루클린에 있는 비좁은 비즈니스 호텔의 트윈 베드에서 잠을 이루려 애쓰고 있다. 이곳에는 브루클린 도서 축제 때문에 왔다. 내가 사는 주의 내 집, 내 침대에서 자고 싶은 마음이 가득하다.

옥스퍼드가 그립다.

방금 ESPN을 통해 터스컬루사에서 미시시피가 앨라배마를 꺾고 이기는 경기를 시청했다. 데릭 해리엘 교수가 경기 내내 문자를 보내왔다. 그가 미시시피대학에서 수행한 연구는 내가 옥스퍼드 상주 건을 수락한 또하나의 이유기도 하다.

미식축구팀의 의지와 활약에 대해 데릭이 보낸 애정어린 말들을 보면서 나는 미시시피가 이곳 노동자들의 힘과 탁월함, 무지막지한 창의력으로 인해 이 나라에서 가장 위대하고도 가장 많은 비방을 받는 주라는 사실을 떠올렸다. 이 지역의 저술 노동자, 요리 노동자, 현장 노동자, 음악 노동자, 교육 노동자, 스포츠 노동자, 사법 노동자, 불법 노동자 들은 국가적으로나 세계적으로 가능한 영역의 개념을 구체화했다.

내일 축제 현장에서 나는, 이 호텔에서 몇 마일 떨어진 곳에서 출생한 뉴요커이자 아마도 20세기가 낳은 가장 위대한 저술 노동자일 제임스 볼드윈이 "신과 악마, 미시시피에도 불구하고 나는 작가가 되기로 했다"고 쓴 이유에 관해 이야기하고 싶다.

오늘밤, 나는 터스컬루사의 경기장에서 뛰던 학생 선수들에 관해 골똘히 생각하고 있다.

잠자리에서 일어나 그리샴 등이 깃발에 관해 쓴 독자 투고문을 다시 읽어본다. 미국의 인종 테러를 고스란히 당한 가정에서 태어난 학생 노동자들의 무급 노동에 관해 글을 써서 돈을 버는 것이 얼마나 떳떳한 일일지 궁금해진다. 이 뛰어난 청년 노동자들에게 정당한 보상을 해줄 수 있는 방법을 논의할 수도 있겠지만, 그보다 나는 그 학생들이 과연 치욕적인 주 깃발 아래 '레벨'이라는 팀을 위해 뛰어야 하는지에 관해 글을 써야 한다는 의무감을 느낀다.

당연히 그런 환경에서 뛰지 않아야 한다. 당연히 이것은 부당하고 무례하며 흑인에 대한 차별이다. 하지만 바뀌어야 하는 전체를 놓고 보면 이것은 사실상 사소한 부분이기도 하다.

지난달, 그리샴은 〈타임〉지와의 인터뷰에서 주 깃발을 폐지하려면 무엇이 필요할지 묻는 질문에 이렇게 대답했다. "결국은 깃발이 바뀔 날이 올 겁니다. 하지만 이곳은 미시시피이고, 변화가 끔찍이 느린 곳이죠."

그리샴의 말은 옳다. 그리고 그는—이 나라 사람이면 누구나 그렇겠지만—우리가 계속되는 폭력의 상처를 무시하고 때로는 그로부터 혜택을 입으면서 그 모욕의 상징을 비판의 표적으로 삼을 것을 주장하는 한 미시시피에서 그리고 미국에서 패러다임을 바꾸는 변화를 가져오기란 여전히 불가능에 가까우리라는 사실을 알고 있다. 비단 남부나 미시시피만이 아니라 미국 전체가 미국 흑인의 삶과 노동과 자유를 좀도둑질하는 데 집중한 결과는 상처이고, 우리 나라는 그 상처에 기생하고 있다. 그냥 사실이 그렇다. 우리에겐 그 같은 국가적 진실을 국소적 거짓으로 '교정'하거나 개조할 가망이 전혀 없다.

나는 미시시피에서 그 사실을 깨달았다.

일곱째 주

다시 옥스퍼드다. 현관에 앉아서 할머니가 크리스마스에 옥스퍼드로 오는 문제를 재고해보셨는지 연락해주시기를 기다리고 있다.

"올레 미스 애들은 포기할 수도 있었을 텐데 그러지 않더구나." 마침내 전화가 왔을 때 할머니가 말한다. "나는 그 애들이 기력이 거의 다 바닥난 줄 알았어, 키. 그 팀에 흑인 아이들이 그렇게 많다는 얘기는 왜 안 했니. 지난밤에 그 아이들과 엄마들 전부를 위해 기도 드렸다. 백인 아이들, 흑인 아이들, 멕시코 아이들 할 것 없이 그 팀에 있는 모두를 위해 기도했어."

"왜 그러셨어요?" 내가 묻는다.

"네가 이제 그 사람들과 거기 사니까 그렇지."

나는 밴더빌트와 맞붙는 다음 경기 티켓을 구하면 옥스퍼드에 오시겠냐고 할머니에게 묻는다.

"글쎄." 할머니는 잠시 말을 멈춘다. "글쎄다." 같은 말을 또 하신다. "얘야. 축구 경기에 휠체어를 끌고 갈 수가 없잖니. 내가 얻을 수 있는 최고의 좌석은 아무래도 여기 텔레비전 앞인 것 같구나. 그래도 올해 남은 올레 미스 경기를 챙겨볼 생각이다. 솔직히 올레 미스가 전부 다 이겼으면 좋겠어. 내 생각엔 그렇게 될 것 같기도 하고."

"그럴 것 같으세요?" 내가 묻는다. "왜요?"

"그야 네가 거기 사니까. 그리고 아까도 말했듯이 그 애들은 포기할 법도 한데 그러지 않았잖아. 그 밤색이랑 흰색 옷을 입은 팀이 아주 강해 보였는데도 그 애들은 포기하지 않더라고. 마치 믿음을 바탕으로 경기를 뛰는 것처럼. 그 아이들은 열심히 노력해서 경기에서 이길 방법을 찾아냈어. 그게 이유란다." 할머니가 말한다. "그 애들이 지금껏 겪은 온갖 일과 옥스퍼드에서 쏟은 모든 노력을 봐서라도 그 애들은 우승할 자격이 있어. 그럴 자격이 있고말고."

5부

안녕, 엄마:
이메일로 쓴 에세이

안녕, 엄마. 뉴욕에서 오늘 아침에 일어나니 외로운 기분이 드네. 미시시피가 그리워요. 엄마가 그립고요. 엄마는 어때요?

키에, 나는 피곤하구나. 지금 네가 준 진주 팔찌를 차고 있어. 정말 예쁘단다. 오늘 아침에는 나 혼자 차는 데 성공했어. 오늘 아침에 스스로를 껴안아줬니?

엄마, 항상 그 말씀이네요. 내가 나를 어떻게 껴안아요?

너를 헐뜯는 사람들에게 휩쓸리지 않고 너 자신을 믿으면 스스로를 껴안는 거야. 위신 있는 말투를 쓰면 스스로를 껴안는 거고.

아, 세상에. 엄마, 위신의 정치로 학설을 내놓는 사람도 있지

만, 진짜 터무니없는 건 그게 말 그대로 엄마의 주제곡이라는 거예요. 그런데 엄마 자신의 주제곡은 어떻게 부르실 거예요? 저는 위신 있는 말투 따위 관심 없어요. 위신은 저랑 아무 상관 없다고요(Respectability ain't got nothing to do with me).

'에인트 갓'(ain't got: 미국 흑인 사회와 남부 지역에서 'don't have any'의 의미로 흔히 사용되는 속어 표현. 사회경제적 지위나 교육 수준이 낮은 계층에서 주로 사용한다는 부정적인 인식이 있다.—옮긴이) 같은 말은 쓰지 마, 키에.

쓰면 어떻게 되는데요?

어떻게 되는 건 없지. 그냥 '에인트 갓'이라고 하지 마.

아뇨, 농담하는 거 아니에요. 쓰면 어떻게 되는데요? 전 우리 말을 알아요, 엄마. 제가 안다는 걸 엄마도 아시잖아요. 전 규칙을 알아요. 규칙을 어기는 법, 슬쩍 피해 가는 법도 알고요. 게다가 '더즌트 해브'(doesn't have)와 '에인트 갓'의 대결에서 어느 쪽이 이기겠어요?

그건 누가 판결하냐에 따라 다르겠지.

엄마, 우리가 언어 문제로 똑같은 대화를 30년째 하고 있는 건 아세요?

너는 다 큰 성인이지만, 너를 해치고 싶어하는 사람들에게는 여전히 미시시피 출신의 흑인 아이야. 점잖은 말과 글을 쓰는 건 너 자신을 지키는 하나의 소소한 방법일 뿐이야. 이걸 왜 모르니?

나는 내 책을 처음 손에 쥔 순간 할머니의 표정이 담긴 사진들을 가지고 있다. 할머니는 웃음 짓다가 급기야 눈물을 흘리셨다. 엄마와는 그런 순간을 경험하지 못했다. 엄마는 내가 작품에서 내 이야기를 덜 하기를, '니거'(nigga. 흑인을 가리키는 멸칭—옮긴이)나 '에인트 갓' 같은 단어가 들어간 글을 쓰지 않기를 바란다는 사실을 잘 알고 있다. 나는 우리에 관한, 진정한 우리 이야기를 담은 신작을 쓰고 싶다. 하지만 겁이 난다. 어떻게 하면 우리 이야기를 솔직하게 쓸 수 있을지 확신이 서지 않는다. 20년 넘게 엄마는 내가 써주길 바라는 책의 제목을 보내곤 했다. 가장 최근에 보낸 제목은 '내 나이에'였다. 엄마는 내가 글을 쓰게 되리라는 건 알았던 것 같지만, 나의 첫번째나 두번째, 다섯번째, 열번째 책이 실제 내 작품 같은 모양새일 거라고 생각하거나 원하지는 않았을 것이다.

숨는다고 우리를 지킬 수 있는 게 아니에요.
숨으라는 얘기가 아니야. 대중과 개인이 다른 단어인 데는 다 이유가 있어. 장담하는데, 너한테 자식이 있었다면 절대 지금처럼 말하거나 글을 쓰지 않았을 거다. 몇 주 동안 트위터니 페이스북이니 하는 것도 자제하는 게 어떻겠니.

트위터는 거의 하지도 않아요, 엄마. 사람들이 저를 팔로우하면 저도 그들을 팔로우하고, 그 사람들이 제 글을 읽으면 고맙다고 인사하는 거죠. 트위터가 어떤 건지 알기는 하세요?
네가 페이스북이랑 트위터라는 데다가 정신 나간 소리를 한다고 내 친구들이 그러더라. 네 목소리에서 걱정스러운 낌새가 보여. 이런 느낌이 들 때마다 네가 꼭 파괴적인 짓을 저지르더라고. 괜찮은 거니? 조던 데이비스에 관해선 아직 안 썼어?

엄마. 제가 낸 책 두 권 다 조던 데이비스의 생애와 죽음을 다뤘어요. 와, 진짜. 요즘은 오바마의 '내 형제 지킴이'(My Brother's Keeper. 2014년 오바마 대통령이 발표한 미국 내 유색 인종 청소년들을 위한 지원 프로그램—옮긴이) 사업에 관해 생각하고 있어요.
무슨 생각을 했는데?

너무 많은 생각을 했죠. 대통령이 '흑인 사랑'이나 '백인 우월주의'나 '가부장제' 같은 단어를 언급할 의지조차 없다면 그는 흑인 남자아이 지킴이는 될 수 있어도 흑인 남자아이들을 솔직하게 사랑하는 사람은 될 수 없어요. 저들은 백인 우월주의는 고려하지 않은 채 싼값으로 흑인 남자아이들을 고치려 하고 있어요. 고치는 건 '사물'이죠. '사람'이 고치는 대상이 될 순 없어요. 정말로 고쳐야 하는 게 뭔가요? 흑인 여자아이들이 하늘 아래 모든 것으로부터 혼쭐이 나고 어른, 아이 할 것 없이 흑인 남자들에게 봉변을 당하고 있는 판에 흑인 남자아이들에게만 초점을 맞추는 건 부정직하고 폭력적이에요. 얘기를 하자면 끝도 없죠. 저도 오바마와 똑같은 속박을 받고 있어요. 거짓말쟁이들의 국가에다 거짓말하는 것이 오바마의 일이라는 건 이해해요. 하지만 흑인 남자아이들을 무대에 올려놓고 온 세상이 보는 앞에서 그들에게 거짓말하는 건 아니죠. 빌 오라일리(폭스 뉴스 진행자로 공화당 지지자. 2017년 성추문으로 하차했다—옮긴이) 앞에서 그런다고요? 저는 사람들이 우리를 소품으로 이용하는 게 싫어요. 거기다 사내아이들에게 똑같은 옷을 입혀놓기까지 했죠. 정말 수치스러웠다고요. 문득 궁금해지네요. 엄마는 이 나라나 우리 주가 한 번이라도 흑인 여자아이들과 흑인 여성의 삶에 애정을 담고 열성적으로 주목한 적이 있거나, 앞으로 그럴 일이 있을 거라 생각하세요?

그런 적이 없었지. 앞으로도 없을 거고. 흑인 여자아이들과 흑인 여성들은 이 나라에서 대통령이 무슨 말을 해도 정말로 믿진 않아. 두 번의 선거에서 우리 쪽에서 다른 어떤 인구 집단보다도 높은 지지율을 기록했어도 말이야. 하지만 네가 말한 소위 '싸구려 사업'에 흑인 여자아이들이 추가되는 걸 우리가 정말로 원할까? 정부는 대개 우리의 존엄권을 폐지하는 역할을 해. 그러니 애석하게도, 우리의 삶을 소중히 여기는 일은 지금까지도 늘 그랬고 앞으로도 항상 지역 차원에서 다뤄질 거야.

 실은 오늘 아침에 일어날 때부터 패니 루 해머와 마거릿 워커 알렉산더를 생각했어요. 왜인지는 모르겠지만 그들을, 엄마와 그들과의 관계를, 그들이 미시시피에서 보낸 삶을 생각하다 보니 어쩐지 너무 슬퍼졌어요. 평소라면 그들에 관해 생각하는 건 엄마 말마따나 저 자신을 껴안는 방법이란 말이죠. 그런데 오늘은 그들이 미시시피에서 살아가는 흑인 여성 운동가이자 예술가로서 짊어져야 했던 최악의 무게를 느끼게 되네요.

 해머 씨에 관해선 레슬리를 통해 알게 됐어. 레슬리는 학생 운동가로 활약하면서 미시시피 자유민주당과 해머 씨와 함께 활동했지. 해머 씨가 인디애놀라에서 자기를 영입한 학생 비폭력 조정위원회(SNCC) 사람들과 청년들을 보듬었다는 것, 농장에서 쫓겨나 집 없는 처지가 되리란 걸 깨닫고 운동에 합류하게 된 과정을 들었어. 위노나에서 강제 불임 수술을 당하고 구타를 당한 이야기, 암 투병중에 제대로 된 치료도 받지 못한 이야기를 읽고 또 읽으면서 또다시 가슴 아팠어. 해머 씨는 우리 주를 위해 그토록 애썼는데도 무일푼으로 가난과 고통 속에 죽었어. 그녀는 이 나라와 우리 주가 본래의 신조에 더 가까이 다가설 수 있도록 투쟁했기에 지금까지도 내게 중요한 인물이야. 너 역시 해머 씨를 사랑하지. 왜 그런 거니?

제겐 선택의 여지가 없었어요. 엄마가 그녀를 사랑하게 만드셨으니까요. 미시시피 자유민주당에 관한 다큐멘터리를 보라고 하셨던 그 순간부터 패니 루 해머에게 사랑받는 기분을 느꼈어요. 그때 당시에는 어떻게 표현해야 할지 몰랐지만, 그분이 "오늘날의 미국 백인들은 당최 무엇을 해야 할지 모릅니다. 우리를 그들 뒤에 두었을 때, 바로 거기서 실수를 했기 때문이죠⋯⋯ 그들이 우리를 자기네 뒤에 두었기에 우리는 그들의 모든 움직임을 지켜보았습니다"라고 말했을 때 너무나 사랑받는 기분이었어요. 그분으로 인해 저는 시간 여행을 믿게 되었고, 제가 시간 여행자 팀의 일원이라고 믿게 되었죠. 잠깐만요, 엄마. 마거릿 워커 알렉산더와의 인연에 관해서도 더 말씀해주실 수 있어요? 엄마가 걸핏하면 그분 집에 갔던 기억이 나서요. 그분은 제가 처음 만나본 진짜 흑인 작가였어요. 그 당시 흑인 예술 운동에 관해 말씀하신 적이 있어요?

마거릿은 무척 복잡한 여자였어. 마거릿과는 그 집에 찾아갔던 날들이 가장 좋은 기억으로 남아 있구나. 에런 헨리(Aaron

Henry, 1922~1997. 미국 민권 지도자이자 정치인. 전미유색인지위향상협회(NAACP) 미시시피 지부장을 지냈으며 미시시피 자유민주당의 창립 멤버였다 – 옮긴이)에 관해 쓰고 싶어하던 책에 필요한 자료 분류 작업을 도와달라고 나를 집으로 초대했거든. 나는 마거릿의 아들 시그먼드를 가르쳤고, 그 집 며느리와 큰아들도 알고 지냈어. 그래, 나는 마거릿을 잘 알았고 그가 쓴 이야기도 좋아했어. 마거릿도 너처럼 비행기 타는 걸 좋아하지 않았지. 마거릿과 유도라 웰티(Eudora Welty, 1909~2001. 미시시피주 잭슨 출신으로 미국 남부 문학을 대표하는 작가 – 옮긴이)는 둘 다 잭슨주의자(미국 제7대 대통령 앤드루 잭슨(1767~1845)의 정치사상을 지지하는 사람 – 옮긴이)였는데, 나는 웰티가 인세나 국가적 관심 면에서 우위를 차지한 건 백인이기 때문이라는 느낌을 항상 받았어. 마거릿과 웰티가 친구였다면 어떻게 지냈을까, 둘 간의 격차는 왜 이해될 수 없는 걸까, 종종 생각하곤 했지.

네, 아주 오랫동안 유도라 웰티의 서사 능력이 싫었어요. 7학년부터 12학년까지 해마다 선생님들이 그 작가의 글을 읽게 했는데, 저는 웰티의 어떤 작품과 비교해도 알렉산더의 『기념일 Jubilee』과 「내 민족을 위하여For My People」가 훨씬 낫거나 적어도 필적할 수준이라고 생각했거든요. 웰티 씨는 훌륭했어요. 그건 분명했죠. 이야기를 층층이 잘 쌓았고, 남부 백인에 관한 묘

사는 사실상 따를 자가 없을 정도였으니까요. 하지만 미시시피는 지구상에서 문장을 가장 잘 만드는 사람들을 배출한 곳이에요. 어째서 제 학창 시절에 웰티 씨가 그 모든 광채를 다 가져갈 수 있었을까요? 게다가 웰티의 녹음 자료에서 '니그라'(nigra. 흑인을 뜻하는 '니그로(negro)'의 변형어-옮긴이)'를 발음할 때 소리도 싫었어요. '니그라'가 뭐예요? '니거'와 오크라의 합성어도 아니고.

너는 진짜 미쳤어.

저는 미친 니그라예요. 웰티의 작품을 향한 저의 비이성적인 증오는 대학에 들어갈 즈음엔 사그라졌어요. 그런데 제가 배우던 교수 중에 웰티 씨와 함께 일했던 분이 있었는데 이 교수가 '양가적(ambivalent)'이라는 단어를 썼다는 이유로 저한테 표절 혐의를 제기했어요. 강의가 시작된 지 고작 2주째였는데 이 여자가 "'양가적'은 네가 쓸 법한 단어가 아니야"라는 거예요. 딱 이렇게 말했다고요. 작년에 강연차 밀샙스대학에 다시 갔을 때 그 교수가 똑똑히 알게 해줬죠. 내가 자기보다 나은 작가이고, 내가 그 멍청한 여자를 비난함에 있어 양가적이지 않은 걸 기뻐해야 한다는 것을요.

너는 진짜 미쳤어.

그럴지도요. 페이스북에서 사람들이 초크웨의 죽음에 대해 어떻게 생각하냐고 계속 물어요. 이 문제에 관해선 아직 말할 준비가 안 되셨겠죠. 그가 엄마나 아버지에게 얼마나 소중했는지 잘 알아요.

초크웨가 세상을 떠나고 나서 아버지에게 연락한 적 있니? 네 아버지와의 첫 데이트 때 우린 린치 스트리트와 돌턴 스트리트 모퉁이에 있던 신아프리카공화국(RNA) 하우스로 갔어. 그때 난 열여덟 살이었어. 길 건너편에는 '더 펭귄'이라고 내가 좋아하던 칠리도그 식당이 있었지. 어쨌든, 초크웨는 네 아버지가 무척 존경하며 우러러보던 사람이었어. 그날의 대화는 내게 상당히 생소했지만 흥미가 가더구나. RNA 하우스 안에는 책이 아주 많았고, 내가 마리화나 냄새라고 오해한 향냄새가 났고, 양초가 잔뜩 있었어. 얼마 후 거기서 초크웨와 지금은 고인이 된 이마리 오바델을 만났지. 나는 사실 이마리가 너무 좋았어. 자정쯤 경찰이 하우스를 급습하면서 우리 데이트는 끝났지. 초크웨는 우리가 네게 준 이름을 마음에 들어했어. '키에스 마케바.' 우린 그 이름이 정말 자랑스러웠지. 초크웨는 자기가 가진 능력으로 재산도 희망도 잃은 남부와 중서부 흑인들을 돕는 데 평생을 바쳤어……

남부에서 흑인들이 흑인들을 사랑하는 행동은 말 그대로 너무나 많은 테러를 야기하지만, 그러한 공포를 달래기 위해 우리가 기댈 곳 역시 흑인의 사랑뿐이다. 엄마는 초크웨 루뭄바 시장을 이 땅의 해방에 투신했던 복잡한 자유 투사들이라는 큰 맥락에 놓고 보았다. 이 내용은 우리가 나눈 대화중에서 어머니가 내게 세상에 공개하지 않기로 다짐을 받은 부분이었다.

……난 초크웨의 죽음에 타살 혐의가 있었다고 믿고 싶지 않아, 키에. 그런 가능성이 있다는 것만으로도 너무 심란해져. 실존적 위기감이 들 정도로 말이야. 내 평생 사람은 본질적으로 선하다고 믿으며 살아왔는데, 그렇게 되면 이 믿음이 바뀌고 말 테니까.

엄마, 우리가 살면서 본 것들이 있는데 어떻게 사람이 본질적으로 선하다고 생각하실 수 있는지 의문이네요. 캘러웨이 옆에서 연주하고 있었을 때 기억 안 나세요? 여자 얼굴을 뭉개놓으려 하던 남자를 뒤쫓아갔던 일요.

그 얘기는 하고 싶지 않구나, 키에. 아직까지도 피투성이가 된 그 여자애 얼굴이 눈에 선하고 그 남자가 여자애를 때리는 소리가 들리는 것 같아. 우리가 그를 잡았으면 죽여버리지 않았을까 싶어.

당연하죠. 그러니까 어떻게 여전히 사람이 본질적으로 선하다고 믿을 수 있어요?

달리 대안이 있니, 키에?

대안이라면, 우리가 서로 사랑하는 일을 의례화하는 걸 백인 우월주의와 시스-헤테로 가부장제가 원치 않는다는 사실을 받아들이는 거죠. 다시 말해 백인 우월주의와 시스-헤테로 가부장제는 사실상 우리가 죽기를 바라는 거예요. 우리는 아직 죽지 않았어요. 서로를 정말로 사랑하는 일을 잘하게 되지도 못했지만, 어쨌든 아직은 죽지도 않았죠. 그러니까 우리는 일단 서로를 사랑하는 어려운 일에 더 능숙해져야 해요. 가정에서 사랑하기, 사랑이 담긴 정책, 사랑이 담긴 제도, 경제적으로 사랑하기 등 전부 다요. 잠깐요, 엄마는 만약 다시 기회가 주어진다면 미시시피나 남부에서 여자아이나 남자아이를 키우시겠어요?

지금 만약 아이를 키워야 한다면, 아이 성별과 상관없이 미시시피는 고르지 않을 것 같네. 우리 주에는 사랑이 넘치고 흑인의 우수성을 입증하는 역사가 있지만, 흑인의 죽음을 낳는 구조적인 문제도 비길 데가 없으니까.

하지만 그게 사실이라면 왜 그리도 오래 거기에 계셨어요?

그리도 오래 여기에 있었던 이유는 바로 흑인의 죽음에 대한 우리 주의 책임과 제자들에 대한 나의 책임감 때문이야. 나의 선생님들이 나를 사랑하고 믿어줬기 때문에 나도 제자들을 사랑한 거야. 네가 그랬듯이 나도 첫 제자들보다 고작 서너 살 많았을 뿐이라서 그애들의 삶의 기회를 증진해주고자 열심이었어. 그애들이 미시시피에 계속 있든 타지로 떠나든 간에 인생 여정의 다음 단계를 흔들림 없이 내디딜 수 있도록 내 나름의 역할을 해야 했으니까.

내년에 제가 미시시피로 다시 이사와서 강의하고 공부한다면 어떨 것 같으세요?

그 생각은 마음에 안 드는구나. 일자리도 없이 옮겨 올 거니? 쉽게 바뀔 수 있는 이유들로 옮겨 올 거야? 너 무슨 일이 있는 거니? 배서대학에서 그만두라고 하던? 아니면 네 결정이야? 이유가 뭐야?

젠장, 엄마. 왜 이리 난리세요? 그냥 제가 고향에 돌아와 살면서 일한다면 어떨 것 같은지 여쭤본 것뿐이에요.

그래서 나도 묻는 거잖니. 그동안 그 모든 일을 다 겪고서 왜 그런 생각을 하는지 말이야.

아오, 미치겠네. 알았어요, 그럼 다른 질문으로 넘어가요. 가끔 이런 의문이 들어요. 대학 캠퍼스에서 엄마 뱃속에 생겨나서 태어나고 자란 터에 과연 내가 선생이나 학생, 작가가 아닌 다른 무엇이 될 가능성이 있었을까 하는. 저는 엄마가 가르치는 모습을 보면서 학생들이 선생과 얼마나 많은 사랑을 나누는지, 혹은 선생이 세심하고 솔직하고 신중하지 않을 경우 학생들을 망칠 수 있다는 사실에 관해 생각해보지 않았어요. 저는 학생들을 가르치고 학생들에게 배울 때가 가장 이상적인 모습이었어요. 엄마를 보면서 클 때는 학생들과 교사들과의 관계에 관해 생각해보지 못한 것이 너무 많아요. 간혹 엄마 제자들이 왜 우리집에서 같이 사느냐고 애들이 저한테 물어보던 게 생각나네요. 그땐 엄마가 그 애들을 사랑하기 때문이라는 게 답이라고 한 번도 생각하지 않았는데, 사실은 그게 답이었던 거죠.

그 애들이 날 사랑했어, 키에.

어렸을 땐 엄마가 나보다 제자들을 더 사랑한다고 생각했어요. 하지만 얼마 지나고부터는 신경 안 썼죠. 엄마가 세상을 바꾸고 있고 학생 한 명마다 엄마도 바뀌고 있다는 걸 이해했거든요.

그 말이 맞아.

이 질문을 드려볼게요. 과거로 돌아가서 다시 해볼 기회가 온

대도 예전처럼 절 때리시겠어요? 탓하는 건 아니고 그냥 묻는 거예요.

난 네가 삶의 기회를 망치지 않길 바랐고, 네가 인종차별주의 때문에 망가지지 않기를 바랐다. 널 그토록 많이 때렸던 건 그 때문이야. 어릴 적 너는 고집불통에다 화와 분노가 엄청나게 많은 아이였지. 그런 부분을 운동과 글쓰기로 배출할 줄은 알았지만, 언제라도 밖으로 튀어나올 위험이 컸어. 요즘도 네가 그다지 달라졌나 싶을 때가 있고. 난 원칙을 세우려 했고, 말로 해서 되지 않았을 땐 인내심을 잃어버렸어. 널 가졌을 때 내 나이가 열아홉 살이었으니. 미안하다, 키에. 부디 용서해다오.

다 이해해요, 엄마. 정말로요. 아기가 아기를 밴 셈이었잖아요. 우리가 같이 쇼핑몰에 갈 때면 남자들이 끊임없이 "누나 번호"를 물었던 기억이 나요. 그런 엿 같은 상황이 너무 화가 났어요. 설상가상으로 미시시피에 살았죠. 게다가 학계에 몸담으면서 그곳에서 일어나는 온갖 분란을 겪었고. 어떻게 해보려고 달려드는 남자들까지. 이해해요. 정말로 이해해요. 미시시피에서 자식 달린 젊은 흑인 여자로 살아가던 상황이 금전 관계에도 영향을 끼쳤다고 생각하세요?

젊은 시절에 난 직장이나 은행 계좌를 가진 적이 없고, 아무래도 돈의 가치를 평가하는 법을 제대로 익히지 못했던 것 같다.

어쨌든 잭슨주립대학에서 일을 시작한 해에 17,000달러를 벌었어. 그러고는 너를 크라이스트 더 킹에 바로 입학시켰지. 네 아버지가 한 달에 250달러씩 보내줬던 것 같은데. 집세와 네 학비, 식비, 의류비, 공과금을 제하고 나면 책 말고 다른 걸 살 돈은 거의 남지 않았어. 누구에게 주거나 쓰거나 저축할 수 있을 만큼 돈이 넉넉했던 적은 한 번도 없었던 것 같구나.

그랬군요. 할머니가 되지 못해 안달하시는 이유는 뭐예요?

키에, 간혹 이런 생각이 들어. 부모가 저지른 실수 때문에 네가 자식을 갖거나 결혼하는 걸 겁내는 것 같다는. 정말 그렇니?

• • •

나는 저 질문에 솔직하게 답할 준비가 되어 있지 않았다. 가족과 공동체, 우리 할머니는 나의 거의 모든 창작물의 핵심이지만, 내가 쓴 픽션과 논픽션에서 형상화된 어머니들과 아버지들, 파트너들이 있어야 할 자리에는 큰 차이가 있다. 부모의 공포와 부모의 수치심, 부모의 애정 표현을 구분하는 선은 매우 가늘다. 그리고 나는 내 부모가 어떤 식으로 그 선을 긋고 발끝을 갖다댔는지, 그러한 선의 경계가 흐릿해질 때 아이들에게 어떤 결과가 닥치는지 이해하려 애쓰고 있다. 아무래도 나는 내 아이들과 내 파트너를 위해 무서운 가는 선 말고 다른 선을 그을 상상력과 의지를 갖고 있는지 미리 생각하고 있는 것 같다. 무서운 가는 선은 날카롭게 찌른다. 그리고 사람은 관념이 아니다. 사람은 찔리면 피를 흘린다. 그런 뒤엔 흉터가 생긴다. 나는 학대하는 부모나 파트너가 되고 싶지 않다. 자기가 정말로 사랑할 만한지 확신이 가지 않는 사람이 자식을 가져도 될지 잘 모르겠다. 어쨌든, 나는 이 부분에 노력을 들이고 있다.

어쩌면요.

네가 자식을 갖게 되면, 특히나 고향으로 돌아온다면, 내 손주들을 보호하고 그 애들에게 인생은 선택의 연속이며 무엇을 선택하더라도 잃는 것이 있다는 걸 가르쳐주렴. 자식은 꼭 열렬히 사랑하는 여자와 갖도록 해. 절대로 호색한이 되어서는 안 된다. 내 손주들에게 읽고 쓰고 노래하고 춤추는 법을 가르치거라. 그 애들은 아마 숨통도 크고 손과 눈의 협응력도 좋을 거야. 아주 예쁘기도 하겠지. 그 애들에게 네가 가장 소중히 여기는 가치—존엄의 힘과 사랑의 복잡성—를 가르치거라. 네가 망쳐버릴 거라거나 그 애들이 너를 사랑하지 않을 거라고 두려워하지 마. 너를 사랑하는 일은 어렵지 않아. 내가 너에게 그 사실을 더 많이 보여줬더라면 좋았을 텐데.

알겠어요, 엄마. 그러니까, 저한테 발표하지 말라고 하셨던 다른 글들도 이제 다 발표하게 해주시는 거예요?
　아니, 그건 아니다. 우리를 전혀 신경쓰지 않는 타인들에게 왜 그런 걸 보여주려고 하니?

　저랑 대화해주셔서 고마워요, 엄마.
　나와 대화해줘서 고맙다.

　에인트 갓. 에인트 갓. 에인트 갓.
　넌 정말 고집불통이야.

　사랑해요, 엄마.
　사랑한다, 키에.

6부
메아리: 마이클, 다넬, 키에스, 카이, 말런

안녕 친구들,

　맬컴 엑스의 암살 기념일이자 니나 시몬의 생일날(맬컴 엑스는 1965년 2월 21일에 암살당했고, 니나 시몬은 1933년 2월 21일에 태어났다 – 옮긴이), 이제 막 눈을 떴는데 초라한 기분이 들어. 내가 살면서 이룬 것을 두 사람과 비교하는 건 아니야. 이젠 그런 실수를 그만할 만큼은 배운 게 있으니까. 그렇지만 여전히 난 지금쯤이면 내가 이뤘어야 한다고 생각하는 모습과 나 자신을 비교하고, 그 비전은 아직도 미완성이야.

　스물여섯 살이 된 지금, 스스로를 어른이라고 칭하는 것이 처음으로 어색하지 않게 느껴지지만, 그것이 의미하는 바에 대해 혼란스러웠던 모든 시간을 떠올리지 않을 수 없어. 스물한 살 때 아빠와 말다툼을 한 적이 있어. 무슨 문제로 그랬는지는 기억나지 않지만, 그때 아빠가 내게 이렇게 물으셨어. "이제 네가 어른이 됐다고 생각하냐?" 그리고 나는 훌쩍거리면서 마지못해 인정했지. "아니요." 나는 아빠의 기준에서 대답하고 있었어. 난 여전히 학생 신분이었고, 제대로 된 돈이나 직업이나 내 집도 없었거든. 그 왜, 어른이라면 갖춰야 할 그런 것들 말이야. 그리고 그런 것들이 하나도 없는 채 지내는 시간이 길어질수록 과연 내가 어른이 될 날이 오기는 할까 하는 의문도 점점 커졌어. 그동안 아빠의 시선이 끊임없이 나를 따라다니면서 소리 없이 묻는 것 같았지. "너는 언제 정신 차릴래?"

나라고 알았겠냐고. 가진 재주라고는 글 쓰는 것밖에 없어서 (지금도 마찬가지지만, 이제 쿠키 굽는 실력을 두고 밤새 고민하진 않아) 막연히 작가가 되겠다고 생각했지만, 현실적으로 그 생각을 어떻게 실현해야 할지는 전혀 몰랐어. 심리 치료사와 예약이 잡히지 않은 날이면 침대에서 케이블 뉴스를 보고 끔찍하기 짝이 없는 시를 쓰면서 시간을 보냈어. 공황발작이 잠잠할 때는 지난번에 겪은 공황발작을 생각하면서 다음번에 올 공황발작을 예측하고 있었고. 그러는 동안 줄곧 아빠의 눈에는 실망감이 또렷이 떠올라 있었어. 아빠는 어디서부터 잘못된 건지 생각하고 있었고, 나는 절대 아빠가 자랑스러워할 만한 어른이 되지 못할 거라는 생각으로 망가지고 있었어.

내가 걱정하기를 멈추고 삶을 살아가기 시작한 순간이 언제부터였는지 짚어보려 애쓰고 있는데, 정확히 꼬집어 말하지는 못하겠어. 지금도 여전히 걱정은 하지만, 이젠 거기에 매몰되어버리진 않아. 지난 과정의 어느 순간 무언가가 깨지면서 나는 자유로워졌어. 이제 사랑하고 사랑받는다고 느끼기 때문에 나 자신을 어른이라고 부를 수 있게 됐어. 그리고 난 이걸로 충분해.

이 사실을 모른 채 허비했던 모든 시간을 생각하자니 스스로 작아지는 기분이 드네. 지금 난 문자 메시지를 보고 있어. 어제 우리 아빠가 사랑한다고 말씀하셨거든. 나는 스물여섯 살이고 아빠는 곧 쉰두 살이 되시는데, 내 평생 아빠가 나한테 사랑한다고 말씀하신 건 지난 일 년 남짓 동안이 나머지 해 전부를 합친 것보다 더 많았던 것 같아. 우리가 뭘 놓치고 산 건지 생각하지 않을 수가 없네.

놓쳐버린 시간을 되돌릴 수 있다면 얼마나 좋을까. 내 가치를 오래전에 알았더라면. 하지만 지금 난 여기까지 왔어.

사랑을 담아,
마이클 덴젤 스미스

마이클에게,

 '살아가기'라고 불리는 이 일이야말로 우리 흑인 남자들이 전념할 수 있는 가장 혁신적인 행위라는 생각을 지울 수가 없어.

 너랑은 달리 나는 심리 치료에 시간을 많이 쓰지 않았고, 그건 지금도 마찬가지야. 임상 상담 전공으로 석사 과정을 졸업한데다, 처음 스스로 목숨을 끊으려고 시도했을 때 남을 돕는 일을 하는 것보다 내가 도움을 받는 것이 더 시급하다는 걸 알았는데도 말이지. 하지만 나도 너처럼 이십 대 초반에는 침대에서 많은 시간을 보냈어. 실제로 잠들 수 있을 때면 꿈이 반가운 탈출구가 되어줬어……

 삶. 나에게 깨어 있다는 것, 살아 있다는 것은 내가 이성애자로 통하고, 그렇기에 흑인 남자로서 인정할 만하고 썩 훌륭하다고 내 삶 속의 다른 사람들을 어떻게든 납득시킬 방법을 생각해내야 한다는 의미였어. 아버지를 위해 사는 건 좆까라고 해. 우리 아버지는 내가 죽고 싶어하는지도 몰랐고…… 그때 내가 어느 대학에 다니는지도 몰랐고…… 내가 어떤 사람인지도 제대로 몰랐는걸. 아마 아버지도 나 못지않게 살아보려고 안간힘을 쓰고 있어서였겠지. 아니, 사실 나는 하나님 아버지를 위해 사는 것이 너무나 걱정스러웠어. 내가 다른 남자들을 사랑하는 편을 택했다는 이유로 영원히 지옥불에서 타게 내버려둘 만큼 나를 싫어하는 것 같은 그분 말이야. 그런 건 고문 아니야? 하지만 흑인인 우리 엄마는 누구보다 최선이 뭔지 잘 알았어. 엄마는 나를 사랑하지 않으려는 사람은 누구든 내 인생에 두지 말아야 한다고 말씀하셨거든.

그렇지만 엄마의 조언을 충실히 따르려면 나는 벌써 예전에 학교를 그만두고(우리의 불공평한 교육 시스템의 많은 종사자가 우리를 사랑하지 않으려 하므로), 공공 보건기관과 일절 관계를 끊고(왜냐하면 그런 곳에 들어갈 때의 나는 의료 서비스가 필요한 사람이었는데, 나올 때는 일명 'MSM', 즉 '남성과 성관계를 갖는 남성'이라는 전문 용어로 자신의 주관적 세계가 지워져버린 환자가 되었기 때문에), 하루 온종일 침대에서 잠이나 자야 했을 거야(내 백인 이웃들이 한여름에 스키 마스크를 쓰고 어슬렁거리다가 길을 가고 있던 경찰과 경찰견 바로 앞에서 마약이 든 봉지를 길바닥에 떨어뜨렸을 때보다 캠던이나 베드퍼드스타이베선트(범죄와 빈곤율이 높은 브루클린의 지역-옮긴이)에서 야구모자를 쓴 머리를 까딱거리며 책을 들고 가게로 걸어가던 내가 경찰에게 저지당할 가능성이 더 높은 게 확실하니까)……

우리가 '살아가기'라고 부르는 이것은 흑인 남자들에게 다른 흑인 남자들을 사랑하라고 한 흑인 동성애자 조지프 빔의 주장 못지않게 혁명적이야. 그건 정확하게 구조적 인종차별주의와 가부장제가 우리에게 사랑하고 반복하라고 가르쳐왔던 바로 그 괴멸의 절차에 대항하라는 명령이기 때문이지. 죽이는 기술에서는 우리가 전문가야. 누군가에게 죽고, 비방당하고, 영혼을 짓밟히고, 신체를 침탈당하는 게 어떤 건지 알거든. 우리는 아주 잘 알지. 하지만 우리를 살해하는 데 사용된 폭력을 되풀이하는 식으로 우리가 가진 지식을 입증할 수는 없잖아.

나는 흑인 남성이고 여전히 살아 있어. 그리고 맞아, 난 혁명가야. 매일같이 사는 편을 선택하니까! 하지만 흑인 남자인 나의 흑인 엄마는 육체와 영혼이 다른 흑인 남자의 손과 말에 위협당했어. **성차별과 가부장제는 혁명이 아니야.** 나는 젠더를 유연하게 다루는 흑인 동성애자 남성이고, 다른 흑인 이성애자 남성들에게 영혼을 위협당했어. **이성애 중심주의와 이성애 규범성은 우리의 혁명이 아니야.** 나는 흑인 남성으로서 수많은 흑인 형제들이 겪는 곤경을 무시해왔어. 차이에 기인한 구분과 계급에 기초한 엘

리트주의는 혁명이 아니야. 사실 내가 사는 것이 네가 사는 것이고, 네가 사는 것이 네 아버지가 사는 것이고, 네 아버지가 사는 것이 우리 아버지가 사는 것이고, 우리 아버지가 사는 것이 우리 어머니가 사는 것이고, 우리 어머니가 사는 것이 타인이 사는 것이고, 그게 바로 혁명이야.

하나님이 꼭 지옥에 보내야 하는 게 있다면, 그건 바로 사회적 죽음이라는 개념이야. 우리는 결코 우리의 생존을 보장해줄 의도가 없었던 시스템을 상대로 날마다 혁명을, 반역을 행하고 있어.

더 많은 사랑을 담아,
다넬 무어

다넬과 마이클에게,

네가 마이클에게 보낸 편지를 보고 볼드윈의 수필이 떠올랐어. 나는 아직도 리처드 라이트에게 조금은 너무 잔인하지 않았나 생각하는 「아아, 불쌍한 리처드Alas, Poor Richard」(제임스 볼드윈이 자신의 멘토였던 소설가 리처드 라이트가 심장마비로 갑작스레 사망한 이듬해인 1961년에 발표한 수필. 리처드 라이트가 남긴 작가적 유산과 자신과 그의 관계를 고찰하는 내용을 담았다 — 옮긴이)에서, 볼드윈은 이렇게 썼지. "흑인들은 서로에 관해 가족의 비밀이라 부를 수 있는 것들을 알고 있다. 이 말인즉슨 한 흑인이 원하기만 하면 다른 흑인의 '추진력'에 '제동'을 걸고 속셈을 폭로할 수 있다는 뜻이다."

볼드윈의 이 수필을 읽기 한참 전부터, 그리고 우리가 얼마나 형제들과 부에 대한 사랑을 흑인 여성들에 대한 사랑보다 항상 중요시했는지에 관해 교훈을 주는 투팍 샤커와 나시어 존스(미국 래퍼 나스(Nas)의 본명-옮긴이), 드웨인 카터(미국 래퍼 릴 웨인(Lil Wayne)의 본명-옮긴이)를 기억하기 한참 전부터, 나는 볼드윈이 글에서 다루는 그런 행위에 대한 젠더화된 요구를 이해했어. 내가 좋아하는 다른 흑인 남성이 한 명이나 다수의 여성 혹은 자신의 남성 파트너에게 무슨 짓을 했더라도 나는 절대 그를 나무라거나 그의 행위에 관해 다른 사람들에게 말할 수 없었지.

난 바뀌고 싶어.

내가 살면서 가장 많은 시간을 함께 보낸 흑인 남성은 우리 아버지가 아니었어. 이 흑인 남성은 2주 전 동맥류에 걸렸어. 나쁜 책들은 이 흑인 남성을 '아버지 같은 존재'라고 부르겠지(너희처럼 나 역시 나쁜 책을 쓰지 않으려고 노력해). 이 흑인 남성은 한 번도 내게 사랑한다고 말해주지 않았어. 한 번도 나를 아들이라고 부르지 않았어. 한 번도 내가 더 나아질 수 있을 거라 말해주지 않았지. 그리고 사실대로 말하면, 나는 그가 그런 소리를 해주길 바란 적도 필요로 한 적도 없어. 난 그를 좋아했고 그도 나를 좋아했다고 생각해.

그거면 충분했어.

여성 혐오적인 비난과 여타 나쁜 책들은 흑인 남자아이에게는 아버지 같은 흑인 어른의 존재가 필요하다는 생각을 우리에게 주입했어. 내가 곁에 있는 아버지를 필요로 하는 것보다 우리 어머니와 어머니의 어머니와 할머니의 어머니에게 충실하고 관대한 파트너가 훨씬 더 필요하다는 사실을 오래전에 깨달은 흑인 남자아이는 분명 나뿐만이 아닐 거야.

엄마는 나를 엄하게 가르쳤어. 엄마는 나를 사랑했어.

수 이모는 날 위해 기도했어. 이모는 나를 사랑했어.

할머니는 날 위해 일했어. 할머니는 나를 사랑했어.

그 덕분에 나는 80년대 후반과 90년대를 무사히 통과했어. 그 덕분에 지금 이렇게 살아 있고. 흑인 아이들에게 필요한 건 지금 당장 곁에 있고 다면적인 사랑의 물결이지, 그저 곁에 있는 아버지가 아니야.

어쨌든 나는 이 흑인 남성이 우리 어머니가 그에게 선사하는 기분을 사랑했고…… 그러다 어느 순간 마음이 바뀌었다고 생각했어. 그는 어머니의 지성을 사랑했지만…… 어느 순간 그 사랑을 멈추었고, 그는 어머니의 고집을 사랑했지만…… 어느 순간 그 사랑을 멈춘 거지. 어머니가 그를 사랑했고, 그가 나에게 가르치려 애쓴 걸 사랑했던 건 분명해. 이 흑인 남성은 나에게 절대 백인들을 따라 해서는 안 된다고, 흑인의 삶은 흑인 농부들에게서 비롯되었으며 흑인들을 사랑하려면 우리가 힘들여 일하고 경작하고 수확한 땅을 사랑해야 한다고 가르치려 애썼어. 이 흑인 남성은 말이야, 다넬, 나에게 자신의 주인이 되라고, 절대 백인 남성을 위해 일하지 말라고 가르치려 애썼어. 훗날 나는 자신의 주인이 되는 일은 아주 다르고, 정말이지 자신을 사랑하는 일보다 훨씬 쉽다는 걸 알게 됐지.

이 흑인 남성은 신체적으로나 정서적으로나 우리 어머니를 잔인하게 다뤘어. 나는 그 문제로 그와 싸웠지만, 다른 누구에게도 말하지 않았어. 어머니는 우리 둘의 싸움을 말리셨지. 난 어머니의 눈물을 닦아주고 부어오른 눈과 찢어진 입술에 얼음을 대주었지만, 이 남자가 어머니에게 한 짓을 한 번도 입에 담지 않았어. 이 흑인 남성은 우리 공동체에서 존경받는 사람이었고, 나는 그에게든 어머니에게든 우리를 아는 누구에게든 진실을 말함으로써 그의 추진력에 제동을 걸 수도 있었지만 한 번도 그러지 않았어.

그러지 말아야 한다는 걸 알았거든. 말을 하면 엄마의 일이 퍼질 뿐만 아니라 이 흑인 남성의 추진력에 제동을 걸게 되기도 한다는 걸 알았으니까. 그리고 난 흑인 남자가 다른 흑인 남자를 그런 식으로 사랑해서는 안 된다고 믿었어.

다넬, 네 편지를 통해 어떻게 다른 형제의 추진력에 제동을 걸지 않는 것이 흑인 남자가 흑인 남자를 사랑하는 것으로 이해되는지에 관해 제대로 생각해볼 수 있었어. 네 편지를 보니 거짓을 필요로 하는 사랑은 사랑이 아니라는 생각이 들어. 그 사랑이 제도적인지 개인적인지는 상관없어. 네 편지는 사랑을 숨쉬게 해주지 않으면 자신과 주변 사람들이 질식하더라도 놀랍지 않다는 사실을 상기시켜줘. 우리 흑인 남성들은 우리의 파트너와 자기 자신을 아주 오랫동안 질식시켜왔어. 우리는 숨이 막혀왔어. 아주, 아주 오랫동안. 그리고 난 이런 상황이 멈췄으면 좋겠어. 너와 마이클과 카이와 말런을 사랑하는 노력을 들이고 싶고, 너희 모두가 나를 사랑하는 노력을 들이기를 원해. 부디 내 추진력에 제동을 걸어줘, 다넬. 내가 네 추진력에 제동을 걸더라도 부디 친구로 남아줘. 부디 날 사랑해주고, 내가 무슨 일이 있어도 건강한 관계의 건강한 일원이 될 수 있게 격려해줘. 이 나라의 대부분이 우리가 존엄성을 지키고 건전한 선택을 할 수 있는 동등한 기회를 가지며 살아가기를 원한다는 증거가 없으니까, 우리끼리라도 서로를 더 잘 돌봐야 해. 우리는 바뀌어야 해.

난 후회하고 있고, 이제 더 제대로 사랑할 준비가 됐어.

너희들의 도움이 필요해,
키에스 레이먼

키에스와 다넬과 마이클에게,

　너희들에게 **고마워**.

　연약해줘서 **고마워**. 너희의 내면을 깊게 파고들고 두려움 없이 그 감정을 나와 공유해줘서 고마워. 이 모든 편지를 읽으면서 나는 평소 깊이 고민하는 질문을 스스로에게 던지게 됐어. 죽지는 않았지만 여전히 자유롭지도 않은 우리는 남은 흉터를 어떻게 해야 할까? 우리는 힘겹게 나아가고, 투쟁해. 우리는 길이 없는 곳에서 길을 만들어. 매일같이 우리는 그저 살아가는 것만으로 불가능이 가능하다는 것을 증명하지.

　네 말이 옳아, 마이클. 걱정과 살아가기, 존재하기를 맞바꾸는 게 자유야. 중요한 건 현재에 존재하는 일이지.

　네 말이 옳아, 다넬. 우리 자신을 사랑하는 것은 혁명적인 행위야. 우리는 이 행위를 실천해야 해. 목사와 목사가 든 성경이 우리에게 항상 그렇게 말해주진 않으니까.

네 말이 옳아, 키에스. 사랑은 소유를 통해 얻어지지 않아. 사랑은 정직으로 일궈내야 하는 관계지. 진실은 때로 아프지만, 거짓으로는 결코 자유로워질 수 없어. 나도 너처럼 진실을 선택할래. 부디 나에게 진실을 말해줄 만큼 날 사랑해줘.

우리가 자신을 치유할 수 있을까?

그래! 게다가 우리는 지금 바로 그 절차를 만들고 있어. 거기엔 자기반성이 필요하니까.

요즘 난 거울을 볼 때마다 변화를 확인해. 엉덩이가 좁아지는 게 보이고, 턱선이 날렵해지는 게 보여. 흑인 남성의 신체적 표지들이 내 몸에 멋진 형태를 뚜렷이 그리는 게 보이고, 스스로 매력적이라는 기분이 들어.

하지만 태어날 때부터 이렇지는 않았어. 나는 흑인 소녀로 태어나서 흑인 여성으로 자랐지. 그러다 더는 집이 나를 잡아둘 수 없었기 때문에 한때는 뉴잉글랜드의 기숙 학교에서 평화를 찾아 헤매는 꼬마 퀴어 히피가 되었어. 또 한때는 남성적 성향을 지닌 레즈비언이자 펨(femme. 여성적인 성별 표현을 통해 자신을 드러내고, 연애와 성관계에서 수동적이거나 전통적인 의미의 여성적 성향이 강한 레즈비언—옮긴이)을 사랑하는 스터드(stud. 복장, 말투 등에서 이른바 남성적인 방식으로 성별 표현을 하고, 연애와 성관계에서 능동적이고 상대를 리드하는 성향이 강한 레즈비언. 이러한 성향을 지닌 레즈비언을 가리키는 일반적인 용어는 부치(butch)이지만, 흑인과 라틴계 레즈비언 커뮤니티에서는 '스터드'라는 표현을 더 선호하는 경향이 있다 – 옮긴이)로서 다른 남성적인 사람들을 사랑하기를 두려워했는데, 우리 같은 사람들이 서로를 사랑해도 괜찮다거나 우리의 사랑 역시 소중하다는 말은 한 번도 듣지 못했어. 지금의 나는 흑인 트랜스맨(성전환 남성)이자 퀴어 보이(boi. 퀴어 문화에서 성별 정체성과 상관없이 젊고 소년스러운 외모나 태도를 취하는 사람을 가리키는 용어 – 옮긴이), 사랑 애호가로서 이 글을 쓰고 있어. 난 이런 삶을 선택했으니까.

그런데 흉터는 어떻게 해야 할까? 내게는 흉터가 있어. 어릴 적 높은 곳에서 떨어지면서 생긴 눈에 보이는 흉터. 고등학교 시절 여러 날 밤에 칼로 자해해서 생긴 눈에 보이는 흉터. 최근에 양쪽 유방을 절제하면서 생긴 눈에 보이는 흉터. 이 흉터들은 어디에 있는지 알기 때문에 나로선 대처하기가 더 쉬워. 최근에 얻은 가슴의 흉터를 자극할 만한 게 뭔지 잘 아니까. 하지만 눈으로 볼 수 없는 흉터는 어떨까?

자신의 내면을 너무 깊숙이 들여다보다가, 자기도 모르게 스스로에게 잊으라고 하고 있던 것들을 기억해낸 적이 있어?

슬픔. 그건 날 끝없이 따라다녀. 때로는 슬픔이 나를 짓눌러서, 그걸 다른 데로 치우거나 다른 걸로 바꿀 수 있다면 얼마나 좋을까 하고 생각해.

　최근에야 알게 된 사실인데, 내가 안고 있는 슬픔은 나만의 것이 아니야. 물려받은 거지. 우리 어머니나 아버지 모두 우울증을 앓고 있는데, 아무도 내게 말해주지 않았어. 나는 내가 혼자라고 생각했고, 아직까지도 우린 여전히 상처가 되는 오래전 상황에 관해 말하는 데 어려움을 겪고 있어. 그토록 많은 걸 잃은 후에 잠깐 쉴 기회를 갖지도 못한 것에 관해서도 마찬가지고.

　언젠가 어머니에게 크랙 코카인에 관해 물은 적이 있어. 아빠에 관해 물었지. 아빠를 사랑했냐고 물었고, 아빠가 그렇게 계속해서 우리에게 상처를 주는데도 어째서 내가 아빠를 사랑하게 만들었냐고 물었어.

　어머니는 수치심이 들었다고 말했어. 그냥 남아 있는 자신을 모두가 미쳤다고 생각했지만 그래도 어머니는 아빠를 사랑했기 때문에 말할 상대가 나 하나뿐이었다고 했어. 그는 자기 남편이자 내 아버지였고, 자신은 그의 마음을 알았다고 말이야. 크랙 코카인이 그를 바꿔버렸어. 크랙 코카인은 수많은 흑인의 러브 스토리를 파괴해버렸지.

　어머니는 지갑을 훔쳐 갈까봐 걱정돼서 베개 밑에 지갑을 넣고 자는 짓을 그만둔 게 2, 3년 정도밖에 되지 않았다고 말했어. 아빠와 헤어진 지 6년도 더 되었는데 말이야. 흉터인 거지…….

　아끼고 신경쓰이는 게 있다면 안전한 곳에 넣어둬야 해. 안전한 곳에 넣어두지 않으면 그 무엇도 안전하지 않다는 걸 깜빡 잊는 바람에 느꼈던 좌절감을 기억해. 큰형의 무슨 물건을 도둑맞았을 때가 생각나. 형이 얼마나 화를 냈는지, 내가 얼마나 죄책감이 들었는지 생각나. 중독자였던 사람은 내 아버지였지 큰형의 아버지가 아니었으니까.

하나님이 생각나. 하나님과 우리 어머니는 유일하게 내가 말을 걸 수 있는 사람들이었어. 우리에겐 바깥세상에는 말하지 않는 비밀이 있었어. 우리만의 세상을 만든 거지. 하지만 우리에겐 더 많은 것이 필요했어. 우리는 아빠를 구할 수 없었어. 나는 어머니를 구할 수 없었고. 내가 할 수 있는 가장 혁신적인 일은 나 자신을 구하는 방법을 찾아내는 것임을 깨달았어. 우리 모두 우리 자신을 구해야 해. 우리 모두 치유와 용서로 향하는 길을 찾아야 해. 비록 그 길이 멀긴 하지만.

나는 남자와 여자를 사랑하는 흑인 트랜스맨이야. 나는 이제막 내 여성성을 사랑하는 법을 배우고 있는 남자야. 한때 나는 키아나라는 여자아이였어. 그 아이는 여덟 살 때 성적 학대를 당한 여름을 견뎌냈어. 키아나가 사실을 말했는데도 상담은 없었어. 공식적인 처리 과정도 없었어. 그저 면밀히 지켜봐야 할 **문란한 여자아이**가 있었을 뿐. 나는 하나님께 용서해달라고 기도했어. 죄책감에 시달리면서 편두통이 오기 시작했지. 나는 가슴에 죄책감을 안은 채 행동했고, 죄책감이 나의 중심을 차지했어.

난 나쁜 아이가 되고 싶지 않았지만, 내가 나쁜 아이라고 느꼈어. 어머니를 아버지와 두고 떠났을 때도 죄책감이 들었지만, 내가 자유로워지려면 그 길밖에 없었어. 난 떠나야만 했어.

나는 카이야. 난 떠나야만 했어. 이 새로운 몸으로 옮겨와야 했어.

때로 우리는 자신의 가치를 몰라서 마땅히 누려야 할 것을 얻지 못하기도 해.

우리는 큰 사랑과 웃음, 시, 달콤함, 햇빛, 미소를 누릴 자격이 있어.

우리는 숨김없고 솔직한 진짜 사랑을 누릴 자격이 있어.

우리는 건강한 사랑을 누릴 자격이 있어. 가장 소중한 것을 지키기 위해 숨길 필요가 없는 집 같은 그런 사랑을.

형제들, 너희를 향한 사랑을 담아 이 글을 써. 물론 아가페적 사랑이야.

카이 M. 그린

카이와 키에스와 다넬과 마이클에게,

　빌어먹을, 너희들은 왜 이런 얘기를 꺼내서, 내가 원하는 것보다 더 깊이 들어가야 하잖아. 나는 불과 두 달 전에야 드디어 자발적으로 부모님 집에서 나올 수 있었어. 참고로 '자발적으로'라고 말한 건, 우리 형제 중 몇몇이 길모어 씨 집이라고 부르는 곳, 일명 교도소에서 10년을 지냈기 때문이야. 내 인생에서 지난 십년을 감방에서 보낸 거지.

　나는 흑인이고 브루클린 출신이니까, 길모어 씨 집에서 시간을 보내는 게 요즘은 아무것도 아닌 일이야. 감옥에 가는 흑인 남성에 관한 통계는 다들 알 테니까, 후렴은 생략할게. 하지만 이건 문제 축에도 안 들어. 사람들이 나더러 감정이 없는 것 같다면서 돌팔이 의사를 만나봐야 한다고 말하는데…… 인정은

해야지, 나도 내가 그렇다고 생각해. 그러니까 내 말은, 난 아주 많은 사람과 물건과 사안에 마음을 써. 사실 보살피는 일에 평생을 바쳤지. 그러니까 지금처럼 도심 빈민가 이웃들이 더 안전해질 수 있도록 멘토링하고 육성하는 일 등을 하고 있는 거고. 하지만 형제들, 나는 깊은 감정에 있어서는 영 무감각해. 언제부터 그렇게 됐는지는 잘 모르겠지만, 어쩌면 머리가 맛이 간 건지도 모르겠어. 적어도 상담 치료사에게 내는 환자 부담금 기준으로 보자면.

시간도 늦었고, 지금 당장 너희에게 내 인생사 전체를 주절거리고 싶지는 않아. 그렇지만 내가 어쩌다 지금처럼 감정이 없어졌는지 약간의 전후 사정을 말해볼게. 아주 속도감 있는 고백이 될 테니까 잘 따라와.

준비됐어?

삼 형제 중 막내이고, 형은 괜찮······ 지 않고, 부모님은 훌륭해. 형은 나를 몹시 싫어했어(도대체 이유를 모르겠어······ 아니, 의심 가는 게 좀 있긴 해). 어릴 땐 너드였고, 열네 살 때 길을 잘못 들었어. 열네 살에 누군지도 모르는 잡놈 새끼한테 총으로 위협받으며 강간당할 뻔했고(그와 동시에 첫 절정을 경험했지), 열여덟에 동정을 잃었고, 열여덟 살 때 총에 맞았고(의사는 내가 다시는 예전처럼 못 걸을 거라고 말했는데······ 결과적으로는 틀렸지), 스무 살 때 1급 살인죄로 체포됐고(난 아무도 죽인 적이 없는데도), 스물두 살 때 17년 형을 선고받았고, 서른 살에 석방됐고, 그후로 나 자신 그리고 다른 사람들을 위해 훌륭한 일을 하고 있어.

하하하, 아무래도 난 치료가 필요한가봐. 모르겠다.

내가 확실히 아는 건 이거야. 나는 나를 사랑하고 싶어하는 멋진 여자들을 만나고 나 역시 적어도 머리로는 그들을 사랑하고 싶지만, 그 욕구를 마음에다 똑같이 옮겨놓기가 쉽지 않아. 그러니까, 너희 모두 사랑하기에 관해 얘기하고, 나도 사랑하기에 관해 얘기하고 있네. 나는 나 자신 그리고 다른 사람들을 끝까지 사랑하고, 수많은 일을 겪고도 무탈하게 살아남은 나 자신이 자랑스러워. 나는 같이 잘 지내기에도, 반대 의견을 내기에도 가장 쉬운 사람이야.

나는 글을 잘 써. 사람들이 그렇게 말하더라고. 나는 말을 잘해. 사람들이 그렇게 말하더라고. 나는 다른 사람들을 고무해. 사람들이 그렇게 말하더라고. 아, 오해하진 마. 난 그 말들을 다 믿고, 그 부분에서 하나님께 감사하니까(여담이지만 난 여호와의 증인으로 자랐어. 물론 술이며 섹스며 좋은 것들은 다 하니까 지금은 제대로 된 신자라고는 할 수 없지만. 그래도 욕은 자주 안 해). 하지만 이 모든 생존과 경험이 때때로 너무 버거워. 우리 아빠가 이런 말을 해준 적이 있어. 영혼을 숨막히게 하면 안 된다고. 누군가에 대해 느끼는 감정을 억누르면 안 된다는 뜻이지.

아, 저 인용문에 대해 뭐라도 교훈적인 이야기를 내놓기를 기대했어? 영어 수업 시간에 배웠듯이, 한 문단 내에서 자신의 주장을 마무리하지 않고 넘어가서는 안 된다고? 아니, 나도 정답은 몰라, 친구들. 이 문제의 마무리는 너희들에게 맡겨야겠네. 알지, 흐름을 계속 이어가보자고.

축복이 있길,
말런 피터슨

7부
디안드레 브라운과의 백일몽

"사람들은 프로 농구 선수가 되고 싶어한다는 이유로 우리를 재단하는데, 그건 이해합니다." 그는 나에게 말한다. "나는 내 일을 잘하려고 노력하고 있어요. 그게 내가 하는 일이죠. 우리 중 몇 명이나 우리가 정직한 일을 하면서 꿈을 좇고 있다고 말할 수 있겠어요? 그게 뭐가 잘못됐어요?"

디안드레 브라운은 부자가 아니다. 수입이 충분하지도 않다. 브라운의 고향인 뉴욕주 포킵시 사람들은 대부분 그가 몽골 농구 협회라는 프로 리그에서 평균 22득점, 10리바운드, 5어시스트를 기록했다는 사실을 모른다. 세계 각지의 공항에서 6피트 5인치(약 195센티미터)에 달하는 체격에 문신이 새겨진 기다란 팔, 덩크슛을 하다가 생긴 손목의 흉터, 거미줄처럼 널찍한 손, 러셀 웨스트브룩보다는 살짝 덜하지만 특이한 소년 같고 참신한 옷차림을 본 사람들은 궁금증을 느끼고, 종종 소리 내어 표현하기도 한다. 혹시 브라운이 자기들이 알 만한 프로 선수인가 하고.

"나는 농구 선수예요." 10년 전 우리가 만났던 체육관 바깥에 앉은 채 그가 말한다. "사람들이 알아야 할 건 그게 다예요. 그게 내 직업이니까."

"그게 뭐라고요." 나는 그에게 말한다. "당신이 하는 그 일은 파트타임직에 더 가깝지 않아요? 진짜로 직업을 가지고 싶지 않아요?"

"저는 직업이 있어요." 그가 헛웃음을 지으며 말한다. "말했잖아요. 농구 선수라고."

"농구를 하면 보험에 들어줘요?" 내가 묻는다. "직업에는 보험이 딸려올 수 있어요."

"나는 내가 행복하고 건강해지는 일을 하고 있어요." 그가 대꾸한다. "그러면서 돈도 받고요."

브라운은 오롯이 자기 능력으로 먹고 자고 전 세계를 다니며 멕시코, 코스타리카, 도미니카 공화국, 그리고 최근에는 몽골의 프로 팀들을 돕고 22온스(약 623그램)짜리 오렌지색 공을 상대 팀보다 더 많이 골대에 넣는다. "그게," 그는 나를 납득시키고 싶어 한다. "진정한 농구 선수들이 유일하게 하는 일입니다. 거기에 보험은 필요 없어요."

"바로 그래서 보험이 필요한 거죠. 레니 쿠크와 아이버슨을 봐요." 나는 그에게 말한다. "그들도 한때는 진정한 농구 선수였 잖아요. 요즘 같은 시절에 흑인 청년은 모두 여러 계획을 세워놓 거나, 하다못해 두 가지 꿈을 마련해둬야 한다고 생각하지 않 아요?"

"그래요?" 그는 천천히 고개를 젓더니 나를 지나쳐 시선을 던 지면서 말한다. "우리 인터뷰가 이 방향으로 가는 거예요, 키에 스? 다음으론 바지를 추어올리고 후드티는 벗으라고 말하려고 요?"

내가 브라운을 만난 건 인디애나대학교에서 대학원 과정을 졸업하고 포킵시에 있는 배서대학에 일하러 온 뒤였다. 스무 살 에 북쪽으로 가기 전까지 나는 미시시피주 잭슨에서 자랐다. 바 로 제임스 로빈슨, 린지 헌터, 오셀라 해링턴, 제러드 워드, 라이 언 로스리지, 로니 헨더슨, 트레이 존슨, 모 윌리엄스, 몬타 엘리 스 같은 일류 농구 선수들을 배출하는 데 기여한 도시다.

중학교나 고등학교의 어느 시점에, 잭슨의 흑인 남학생 수천 명은 자기들도 수월하게 3점 슛을 쏘거나 백보드 꼭대기를 터치 하거나 중거리 점프 슛을 성공시킬 수 있으므로 NBA(미국프로 농구)로 갈 운명이라고 믿었다. 현실적으로 말하면 우리는 농구 선수가 될 재능보다 농구 선수가 되고픈 꿈이 훨씬 앞섰던 흑인 소년들이었고, 잭슨처럼 작은 동네에서는 우리 중 태반이 말 그대로 미 전역에서 최고로 손꼽히는 진짜 농구 선수들과 어떤 식으로든 연관되어 있었다.

우리 중 대부분이 그 하루를 꼽을 수 있을 것이다. 누구네 집 뒷마당에서나 공군 기지에서, 히코호 인근에서, YMCA(기독교청년회)에서, 고등학교 체육관에서 진짜 농구 선수 중 한 명이 덩크 슛을 넣거나 블로킹을 하거나 노 룩 패스(No-look pass. 농구 경기에서 공격수가 상대편 수비수를 속이기 위해 실제로 공을 보내는 방향이 아닌 다른 방향을 보면서 하는 패스 — 옮긴이)를 하거나 공기를 뒤흔드는 슛을 날려서 NBA를 향한 우리의 열망을 꺼뜨려 버린 그날을 말이다.

나에게 그 순간은 겨울방학을 맞아 잭슨으로 돌아온 날 밤이었다. 나는 잭슨시 세인트 조셉고등학교 9학년이던 바로 전년에 학교 대표팀에 들어갔고, 10학년으로 올라가서는 전국 랭킹에 드는 메릴랜드주 하이엇츠빌의 디마타고등학교에서 대표팀 주니어 선수로 뛰었다. 겨울방학 동안 나는 함께 즉석 시합을 뛰었던 오델라 해링턴이라는 10학년생이 머로고등학교에서 열린 경기의 워밍업 시간과 전반, 하프타임, 후반에 시도하는 족족 슛을 성공시키는 모습을 지켜보았다. 해링턴은 득점 40점 이상, 덩크 슛 12개, 리바운드 20개 이상을 기록하며 경기를 마쳤고, 심지어 4쿼터는 거의 뛰지도 않았다.

이듬해에 해링턴과 제이슨 키드는 전국에서 첫손에 꼽히는

11학년 선수가 되었고, 나는 래퍼나 교사나 작가로 사는 길을 상상하기 시작했다.

브라운은 나와는 크게 다른 경험을 했다. 포킵시에도 레나드 브라운과 다샴 알라처럼 기술이 빼어나고 나이가 약간 더 많은 선수들은 많았지만, 브라운은 포킵시에서 나고 자란 전국구급 농구 선수는 한 번도 보지 못했다.

나는 2003년 여름에 배서대학 체육관에서 뛰고 있는 브라운을 만났다. 열여섯 살의 그는 약 1미터의 서전트 점프 기록에, 그 지역의 어린 선수들에게서 많이 보지 못한 마무리 능력과 신체 사이즈를 가지고 있었다.

브라운은 내가 그와 두번째로 함께 뛰던 날 NBA에 갈 거라고 말했다. 학과 성적이 나빠서 정식 농구 경기는 한 쿼터도 뛰어보지 못했다는 얘기도 했다.

10학년 시즌이 시작되기도 전에 브라운은 가장 친한 친구 중 한 명인 스테프 싱글턴과 함께 알링턴고등학교 체육관에 들어갔는데, 그곳은 미식축구 경기중에 치어리더들이 지갑과 휴대폰, 책가방을 두는 곳이었다.

한 치어리더의 휴대폰이 브라운의 주머니에 들어간 채 체육관을 떠났다.

이삼 일 뒤, 경찰이 브라운의 캔터베리 가든 아파트 문을 두드렸다. 브라운이 체포되자 그의 고등학교 코치는 브라운의 실력이 아무리 뛰어나다 해도 자신 그리고 다른 어시스턴트 코치들은 도둑을 팀에 두기가 꺼려진다고 말했다.

"그들은 나를 신뢰하지 않았어요." 브라운은 깊이 한숨지으며 내게 말한다. "사실 더 복잡한 문제가 있었어요. 하지만 결국 내가 어떤 사람이었느냐 때문에 더 엄격한 잣대가 적용된다는 걸 알았어야 했어요. 그냥 내가 망쳐버린 거예요. 아주 크게요. 변명의 여지가 없죠."

이듬해 여름에 브라운은 뉴욕에 있는 아우어 세이비어 뉴 아메리칸 스쿨이라는 학교에 입학했다. 그곳의 코치 한 명이 스토니 브룩 농구 캠프에서 브라운이 시합하는 모습을 본 후의 일이었다. 훗날 리치먼드에서 뛴 우마르 실라와 훗날 루이빌에서 뛴 후안 디에고 테요 팔라시오스가 브라운이 도착했을 당시 그 팀에 있었다.

"아우어 세이비어는 진지하게 내 기술에 의구심을 갖게 된 첫 장소였어요. 테요는 그때껏 내가 본 중 최고였어요. 더 보탤 말이 없죠. 그리고 우마르는 수비에서 사람들을 압살해버렸어요." 의자 뒤로 기대면서 브라운이 말한다. "그가 어찌나 잘하는지, 어떤 식으로 움직이고 싶다가도 매번 다시 생각하고 의심하게 되더라고요. 우마르는 좋은 수비는 공격적으로 이루어져야 한다는 걸 처음으로 보여준 선수였어요. 그뒤로 이 교훈을 절대 잊지 않았죠."

브라운은 그가 속했던 아우어 세이비어 팀이 훗날 NBA 선수가 된 루디 게이, C. J. 왓슨, 리언 포, 세바스찬 텔페어, 조이 도시, 대니 그린과 시합에서 자주 겨뤘다고 말한다.

"난 그 녀석들을 전혀 존중하지 않았어요." 브라운은 말한다. "우리 팀의 누구도 그들을 존중하지 않았어요. 그들도 우리를 존중하지 않기는 마찬가지였어요. 어쩌면 그런 게 뉴욕 특유의 태도였을 수도요. 우리는 그냥 이렇게 생각했죠. '어이, 우리가 저들 앞에 서야 하듯이 저들도 우리 앞에 서야 하는 거야.'"

브라운은 아우어 세이비어 첫해에 교체 선수로 나와 팀에 상당한 기여를 했다. 디비전 1(Division I. 전미대학체육협회(NCAA) 산하 남자 농구의 1부 리그—옮긴이) 프로그램을 운영하는 대학들로부터 많은 편지를 받았으며, 아우어 세이비어에서 그를 지도하던 코치들이 그에게 다음해에는 선발 라인업에 들어갈 거라고 말했다고 한다. 그해 여름 아우어 세이비어는 프랑스에서 신입 선수 세 명을 선발했고, 브라운은 다시 벤치에 앉았다. 아우어 세이비어에서의 첫해 동안 코트 안팎에서 꽤 성공적이기는 했지만, 브라운은 코치들이 자신을 잘못된 방향으로 이끈다고 느꼈다.

"내 태도가 문제였어요." 브라운은 말한다. "누구도 나보다 정말로 낫다는 생각이 들지 않았어요. 그러니까 나를 지도할 수 있는 사람이 없었던 거죠. 르브론의 팀이 참여한 대회에서 뛰었던 때가 생각나네요. 나는 심지어 르브론조차 나보다 낫다고 생각하지 않았어요. 이상하게 들리겠지만, 정말이에요. 누군가 나보다 기록이 좋으면, 선수 활용 시스템 때문이거나 나보다 코치하기 수월한 스타일이라서 그렇겠거니 생각했죠. 사실 나는 한 번도 코치를 못 받았기 때문에 코치하기 수월한 선수가 되는 법도 배우지 못했어요."

브라운이 두번째 시즌에 들어선 초반에 내 고향 미시시피주 잭슨에 있는 크리스천 미셔너리 & 인더스트리얼스쿨(CM&I)이라는 아주 작은 사립 고등학교가 아우어 세이비어와 시합하러 왔다. 브라운의 포컵시 친구들 중 테이텀 버틀러와 리키 베일리 두 명은 CM&I에서 졸업 후 과정에 다니고 있었다. 그날 저녁, 아우어 세이비어는 CM&I를 완패시켰지만, 브라운은 원했던 시간보다 훨씬 짧게 뛰는 데 그쳤다. 경기가 끝난 뒤 브라운은 CM&I 코치에게 자신의 상황을 털어놓았다.

그로부터 한 시간 후, CM&I는 디안드레 브라운이라는 새 선수를 버스에 태웠다. 그렇게 브라운은 미시시피주 잭슨으로 향했다.

브라운이 아우어 세이비어를 떠나 CM&I로 이적하고 한 달이 지난 2004년 1월 2일, 노스캐롤라이나주 150번 고속도로에서 브라운의 전 팀원들을 태우고 가던 승합차가 뒤집히는 사고가 일어났다. 이 사고로 브라운의 절친한 친구였던 7피트 3인치

(약 2미터 20센티미터)의 프랑스 출신 11학년 센터 케빈 모민이 사망했다. 다른 세 선수 역시 중태에 빠졌다.

"아우어 세이비어를 그런 식으로 떠난 건 잘못된 결정이었지만, 그 결정이 말 그대로 내 목숨을 살렸어요. 우리가 같이 이동할 때마다 거의 대부분 케빈 바로 맞은편에 앉았거든요."

친구의 죽음이라는 충격 속에서도 브라운은 새로운 환경에서 접하는 경험을 최대한 활용하려고 노력했다. "미시시피에서는 모두가 잘 대해줬어요. 우리는 때에 따라 교장 선생님과 같이 지내기도 하고, 호스트 패밀리 집에서 지내기도 했죠. 나는 포킵시가 가난한 줄 알았는데, 미시시피 사람들이 사는 모습을 안 봤으면 가난이 뭔지도 모르는 거예요. 다들 거기서 어떻게 그러고 사는지 모르겠어요. 집안에서 팔굽혀펴기를 할 때마다 바퀴벌레가 손에 기어오르지 못하게 하려고 손바닥 밑에 종이를 여러 장 깔던 게 생각나네요."

브라운은 CM&I에 있는 동안 평균 B학점을 받았다. 그는 졸업 후에 반드시 플로리다 인터내셔널대학에서 뛰기로 단단히 결심했다고 말한다. "ACT(American College Test. 미국 대학입학학력고사—옮긴이)는 통과했지만, NCAA(전미대학체육협회) 자격센터에 제때 정보를 제출하지 못했어요. 그래서 코치님이 모든 서류 작업이 완료될 때까지 데이토나 비치 커뮤니티대학에 가는 게 어떻겠냐고 제안하셨죠. 그런데 데이토나가 제 성적 증명서를 그냥 쥐고 있었어요. 난 도움을 구해야 하는 최악의 입장에 놓였고, 그 도움이 주어지지 않자 다시 원점으로 돌아갔어요."

한 학기가 채 지나기도 전에 브라운은 다시 포킵시로 돌아갔다. 그의 새 계획은 더치스 커뮤니티대학에서 수업을 듣고, 바라건대 일 년 뒤에 디비전 1이나 2 프로그램으로 이적하는 것이었다.

2005년 12월 5일 아침, 브라운은 그의 죽마고우인 스테프 싱글턴 소유의 캐딜락 승합차가 콜리스 애비뉴에 버려져 있다는 연락을 받았다. 브라운이 콜리스에 도착해보니 정복 경찰과 사복 경찰이 스테프의 승합차 주변을 에워싸고 있었다.

"경찰들이 총에 맞은 녀석의 인상착의를 설명해주는데 스테프와 일치하지 않았어요. 그래서 누군가가 자기를 털려고 하니까 스테프는 그냥 정당방위를 했던 거겠구나 판단했죠."

브라운은 어렵사리 승합차에 가까이 다가갔고, 결국 운전석에 고꾸라져 있는 싱글턴의 시체를 보고 말았다.

"스테프가 살해당했을 때 난 집에 가야만 했어요." 브라운은 우리가 대화를 나누던 중 처음으로 자리에서 일어난다. "설령 캘리포니아처럼 멀리 떨어진 곳에 있었더라도, 스테프가 죽은 후엔 집으로 돌아갔을 거예요. 그래야만 했을 거예요. 나는 그릇된 결정으로 인해 포킵시로 돌아가게 되었지만, 그곳에 있을 수밖에 없었어요."

싱글턴이 살해된 후 브라운은 깊은 우울에 빠져들어 넉 달 동안 집밖을 나서지 않았다. 그리고 이후 3년 동안 정식 농구와 거리를 둔 채 지냈다. "그때가 내 삶에서 꿈을 포기했다고 할 수 있는 유일한 시기였어요. 아예 꿈꾸기 자체를 포기해버렸다는 편이 더 맞겠죠. 나는 항상 내 인생을 좋아하고, 견디고, 인생에 얼마간 즐거움을 더하는 데 농구를 활용했던 것 같아요. 하지만 스테프가 살해되고 나서는, 이제 모르겠어요. 스테프도 꿈이 있는 친구였거든요. 나랑 똑같이요."

2008년 브라운은 플로리다주 포트피어스에 있는 인디언 리버 주니어 대학에 스카우트되었다. 평균 득점 8점, 리바운드 4개에 가까운 기록으로 첫 시즌을 마무리했고, 두번째 시즌에는 이 평균 기록을 11득점과 6리바운드로 끌어올렸다. 그러다가 "학교가 2년제 주니어 대학에서 4년제 주립대학으로 바뀌었어요"라고 브라운은 말한다.

지금은 인디언 리버주립대학이라고 불리는 학교에서 브라운이 3년 차인 2010-2011 시즌을 준비하고 있던 무렵, 멕시코의 한 리그에서 그를 프로 선수로 기용하고 싶어한다는 에이전트의 연락이 왔다.

"NCAA 자격은 신경쓰지 않았어요." 브라운은 말한다. "설사 멕시코라고 해도 프로 농구에서 뛰는 편이 인디언 리버에서 2년 더 뛰는 것보다 NBA에 더 가까워질 거라고 생각했어요. 내일을 기다릴 수가 없었죠."

대화의 이 시점에서 브라운은 내가 고개를 젓는 모습을 보고 있다. 그는 멕시코와 코스타리카, 도미니카공화국, 그리고 가장 최근에는 몽골에서 프로 농구를 하면서 보낸 지난 3년간의 삶에 관해 이야기하고 싶어한다. "그냥 얘기하세요." 그가 말한다.

"내가 무슨 생각 하는지 이미 알잖아요." 나는 말한다. "학교에 머무르면서 학위를 땄다면 틀림없이 삶이 더 안정적이고 선택권도 넓어졌을 텐데요."

"내가 좋아하는 일을 하면서 돈도 벌 수 있다는 건 좋은 거예요." 마침내 그가 말한다. "하지만 내 꿈은 NBA예요. 우리가 전에 만난 무렵보다 지금 나는 NBA에 더 가까워졌어요. 게다가 일도 하고 있고요. 직업이 있잖아요. 일자리가 없는 사람이 얼마나 많은 줄 아세요?"

"하지만 당신은 이미 꿈에 도달했어요." 나는 그에게 말한다. "어느 시점에서 우리는 다들 농구를 해서 돈을 벌고 싶었죠. 이해를 못하는 것 같은데, 당신은 우리 모두가 꾸었던 꿈에 이미 도달했어요. 농구로 전 세계를 다녔잖아요. 그렇게 말할 수 있는 사람이 누가 있어요? 이제는 현실적인 일을 시작할 때라고 생각하지 않아요?"

"우리 같은 지역 출신인 사람들은 상당수가 일확천금을 좇아요. 당장 내일 감옥에 갇힐 수도 있으니까." 그가 말한다. "그보다 더한 일도 있을 수 있고요. 그들은 항상 우리한테 일하라고 말하지만, 절대 우리 시각에서 보지를 않아요. 르브론이 '여긴 원래 제 자리가 아닙니다'(농구 스타 르브론 제임스가 2013년 파이널 MVP에 선정된 후 수상 소감에서 한 말—옮긴이)라고 말한 것도 바로 이런 뜻이었죠. 사람들은 르브론이 그 당시 수상 무대를 말한 거라고 생각하지만, 우리들 대다수에게 그의 말은 우리가 좋아하는 일을 하면서 살아 있다는 것 자체를 의미해요. 여기는 우리 자리가 아니에요. 글을 쓰고 가르치는 자리는 당신 자리가 아니에요." 브라운의 왼손이 커다란 주먹 모양으로 느슨하게 말려 있다. "그렇지만 당신은 이 자리에 있고, 난 그런 당신이 자랑스러워요. 나를 자랑스러워해주세요. 나는 시스템을 알아요, 키에스. 난 일확천금을 좇지 않아요. 느리게 버는 돈조차 좇지 않아요. 멕시코에서는 무급으로 일하다시피 했어요. 도미니카공화국에서는 내 급여를 모조리 뺏어가려는 시도도 있었고요. 하지만 그럼에도 불구하고 나는 좋아하는 일을 하면서 꿈을 좇고 있었잖아요. 그리고 내가 하는 일을 몇 달 전보다 지금 더 잘해요. 나는 훌륭한 농구 선수이고, 여전히 발전하고 있어요."

체육관을 관리하는 나이 지긋한 칼 에그너가 우리에게 이제 그만 갈 시간이라고 말한다. 브라운은 공과 가방을 챙긴다. 나는 컴퓨터와 노트를 챙긴다. 주차장으로 나간 나는 브라운에게 어머니 댁까지 타고 가겠냐고 묻는다.

"다들 내가 당장 일정한 직업을 찾아야 한다고 생각한다는 걸 잘 알아요." 내 차의 조수석에 앉은 브라운이 말한다. "나도 멍청하진 않아요. 나는 지금 현재 일하고 있고, 그 일 덕분에 세상에 있는 줄도 몰랐던 여러 나라에 가 봤어요."

나는 잠깐 침묵을 지키다가, 내가 푸에르토리코에서 열리는 미국학 학술대회에 참석하기 위해 몇 달 전에야 여권을 발급받았다고 시인하면서 소리 내어 웃는다.

"그렇지만 푸에르토리코에 갈 때는 여권이 필요 없잖아요." 브라운은 이렇게 말한 뒤 거의 세 블록을 지날 때까지 웃는다. "배서대학 교수시면서 푸에르토리코가 미국령인 것도 몰랐어요?"

나도 그를 따라 웃는다.

"이제 내가 무슨 말을 하는지 알겠죠?" 브라운은 말한다. "우리 같은 사람들은요, 꿈을 좇아서 몽골에 갈 수가 없어요. 당신을 봐요. 좋은 직업이며 멋진 자동차며 책도 있지만, 이제야 여권이 생겼잖아요. 당신은 우리에게 롤 모델 같은 사람인데도 아직까지 해외에 나간 적조차 없죠. 이건 말도 안 돼요, 깜둥이 양반."

우리가 탄 차가 브라운 어머니 댁의 진입로에 도착한다.

"태워다줘서 고마워요." 브라운이 말한다. "아직 내가 NBA에 들어가지도 않았는데 이 글을 실어줄까요?"

"아마 실을 거예요." 내가 대답한다. "이 글의 핵심은 NBA뿐만이 아니라 아메리칸 드림의 정치잖아요. 안 그래요?"

"그렇게 말씀하신다면야." 브라운이 한쪽 발을 차 밖으로 빼놓은 채 말한다.

나는 만약 NBA에 진출하지 못한다면 적어도 농구를 떠난 후의 삶에 대해 생각이라도 해보라고 그에게 한번 더 당부한다. 우리의 대화에 앞서서 내가 우리 대학의 코치로 있는 새치 설린저에게 디안드레에게 어떤 조언을 해줘야 할지 물어봤다는 말은 꺼내지 않는다.

"농구하는 방식을 보면 인생을 사는 방식이 그대로 나와요." 설린저 코치는 말했다. "나쁜 선수는 자기가 맡은 역할에 맞서 싸웁니다. 좋은 선수는 자기 역할을 받아들이고, 위대한 선수는 자기 역할을 지배하죠. 디안드레는 코트 안팎에서 자기가 어떤 사람이 될지 정해야 해요. 문제를 만들어냈던 사고방식을 그대로 써서는 문제를 해결할 수 없는 법이죠. 이런 말도 있잖아요. 진실을 가지고 상처 주는 건 괜찮지만 절대 거짓으로 위로하지는 말라."

나는 코치의 조언을 가슴에 새기면서, 브라운이 내 차를 떠나기 전에 내가 생각하는 진실을 반드시 말해주리라 다짐한다. 나는 그의 얼굴을 보지 않은 채, 풀타임 교직이나 코치직, 혹은 멘토링 프로그램 개발 같은 일을 고려해봤으면 좋겠다고 말한다. NBA 드래프트에서 10순위 안으로 선발된 선수들의 절반이 2년 뒤에 리그를 떠나고, 20순위 내 선발 선수들 중 열두 명이 대체로 2년 뒤에 떠난다고 말해준다. 스물여덟 살이 되면, 설령 리그 진출에 성공하더라도 2년만 지나면 노장 선수 취급을 받게 될 거라고 말해준다. 그리고 마지막으로, 이 나라의 수많은 사람이 운동선수의 꿈을 좇는 흑인 청년들을 두고는 강하게 키우는 방식에만 집착적으로 의존하면서, 빈털터리인 예비 작가와 사진작가, 축구 선수, 영화감독, 소규모 자영업자에 관해서는 아무런 할 말도 없다는 것이 불공평하다고 말해준다. "하지만," 마침내 그를 쳐다보면서 나는 말한다. "내 생각에 당신은 두려움 때문에 다양한 꿈의 가능성을 받아들이지 못하는 것 같아요. 지금까지와 다르게 한 가지 이상의 꿈을 꾸기가 두려운 거라고 생각해요."

"거짓말은 못하겠네요." 두 발 모두 차에서 내린 브라운이 이윽고 말한다. "단지 다른 누군가가 꿈꾸는 행복에 맞지 않는다는 이유로 내 꿈이나 내가 하는 일을 포기한다는 건 나로선 도저히 상상이 안 돼요." 그는 커다란 오른손을 차창 안으로 쑥 집어넣어 내게 주먹 인사를 한다. "난 지금 열심히 일하고 있고 행복해요, 키에스. 실력도 점점 늘고 있고, 매일 열심히 일하고 있고요. 우리 같은 사람들 중에 자기가 열심히 일하고 있고 행복하다고 말할 수 있는 사람이 얼마나 되겠어요? 나는 바보가 아니에요. NBA가 바로 코앞에 있지 않다는 건 잘 알아요. 그래도 난 열심히 일하고 있어요. 이 세상의 다른 어떤 일보다 이 일을 하는 게 행복해요. 지금으로선 이 말이 당신이나 이 글을 읽는 다른 분들이나 듣고 싶어하는 얘기가 아닐 거라는 건 알지만, 나는 열심히 일하고 있어요. 행복하고요. 내겐 이걸로 충분해요."

나는 비록 행복하진 않지만 나도 열심히 일하고 있다는 생각을 한다. 하지만 디안드레 브라운에게 말하지는 않는다. 깊은 불행감과 정말이지 얼기설기 퍼져나가는 정신적 공허함은 부끄럽게도 내겐 충분하다는 생각을 한다. 하지만 디안드레 브라운에게 말하지는 않는다. 그의 꿈꾸는 모습이 나를 미시시피로, 내가 가장 용감하게 꿈꾸고 또 목도하는 그곳으로 돌아갈 길을 찾게끔 고무한다는 생각을 한다. 하지만 디안드레 브라운에게 말하지는 않는다.

8부

너는 두번째 사람

잘 알겠지만 실제 장소나 공간, 인물, 시간, 사물과 닮은 점이 있다면 순전히 우연의 일치다.

너는 혼자 아파트 바닥에 앉아 악, 정직, 골반에 생긴 악성 종양, 죽은 삼촌, 썼어야 하는 편지, 이인칭, 튼살에 관해 생각한다. 네 소설이 나오는 날에 입을 계획인 투엑스라지(XXL) 사이즈의 티셔츠를 입고 있다. 티셔츠 앞면에는 "진정한 흑인 작가란 무엇인가?"라는 글귀가 적혀 있고, 뒷면에는 "지랄하네. 돈이나 줘"라고 적혀 있다. 너는 컴퓨터를 연다. 골반에 두려운 통증을 느끼며 숨을 들이마시고 뒤틀린 억지 웃음을 지은 뒤, 쉰네 살의 흑인 편집자 브랜던 팔리가 보낸 이메일을 읽는다.

"책이 성공하느냐 마느냐는 일정 부분 작가님이 의도한 독자층과는 다른 감수성을 가진 독자들에게 달려 있어요. 전에도 말했지만, 이 책의 너무 많은 부분이 인종 정치를 논하려는 목적에 억지로 끼워맞춰져 있는 느낌이군요. 소셜 미디어를 생각해봐요. 댓글 창을 생각해봐요. 거기 있는 백인들도 책을 산다고요. 독자들, 특히나 백인 독자들은 잘못된 인종 패를 쓰는 흑인 작가들에게 질렸어요. 그 패를 쓸 거라면(나는 써야 한다고 생각해요) 제대로 쓰세요. 타란티노를 봐요. 〈장고: 분노의 추적자〉를 가지고 사람들을 모조리 속여서 자기들이 흑인 영화를 보고 있다고 믿게 만들 참이잖아요. 장담하건대 거의 모든 장면에 백인다운 특성이 깔려 있을걸요. 이게 작가님이 고려해봐야 할 한 가지 모델이에요.

또 한 가지, 흑인 남자들은 책을 읽지 않아요. 어쩌다 읽더라도 이런 유의 소설은 안 읽을 거고요. 그러니 흑인 부르주아 여성 독자들을 타깃층으로 생각해볼 수도 있어요. 흑인 부르주아 여성은 플롯을 좋아해요. 보리스 코조 타입의 뻔한 캐릭터들이 나오는 로맨스를 좋아하죠. 아니면 일 문제로 떠들썩한 소동에 휘말리는, 그리고 다른 여자들과는 교류가 없는 강인한 여성 캐릭터를 좋아해요. 〈스캔들〉 같은 이야기를 일관되게 떠받치는 요소가 뭔지 생각해봐요. 진정한 흑인 작가는 작품 속의 인종, 계급, 젠더, 성의 정치학을 티 나지 않게 숨겨놓죠. 아주 은밀하게요. '인종적 내러티브'의 시대는 끝났어요, 친구. 지금 상태에서 작가님 책이 잘 팔리려면 오프라의 북클럽에 선정되는 방법밖에 없어요. 하지만 그럴 일은 없죠. 오프라는 진정한 흑인 작가들만 취급하니까."

너는 답장을 입력하기 시작한다. "안녕하세요, 브랜던. 4년 동안 열네번째로 보내는 전면 수정본입니다. 편집자님 생각을 바꾸지 못하고 있다는 걸 알지만, 그래도 괜찮아요. 진정한 흑인 작가의 집필 방식과 오프라의 취향을 알려주셔서 고마워요. 오프라를 만나보신 줄은 말씀을 안 하셔서 몰랐네요. 그건 그렇고, 사실 제 책에 등장하는 흑인 청소년들이 불편하게 느껴지는 미국인의 시각으로 '인종 정치'를 논하는 건 다분히 의도적이에요. 이 캐릭터들의 인종과 인종 정치는 성 정체성이나 성의 정치학과 마찬가지로 모든 면에서 그들의 성격과 연결되어 있죠. 제 책은 다른 무엇보다 미국식 인종 소설이라고 당당하게 말할 수 있어요. 애초에 이런 비전이 마음에 들지 않았다면 왜 판권을 사셨는지 아직도 이유를 모르겠네요."

너는 이메일의 전송 버튼을 누른 다음 조금 전까지 변호를 펼쳤던 워드 파일 원고를 연다. 그러고는 곧바로 9장으로 넘어간다. 30분 뒤, 나이 지긋한 퀴어 코치가 소설 속 화자에게 '그들과 우리'로 구분되는 이상한 인종 논리를 전달하려 애쓰는 부분이 삭제된다. '노골적으로 인종 정치를 논하고' 있기 때문이다.

너는 뉴욕주 포킵시의 2층 아파트에 난 키 큰 창 너머를 바라보며 편집자에게 욕을 퍼붓는다. 그 어떤 사람에게도 해본 적 없다는 데 자부심을 느끼는, 기분 나쁘고 지저분하고 염세적인 욕설이다.

빨간색과 검은색 체크무늬 면 셔츠를 입은 백인 소년이 바깥의 오크나무 아래에 맨발로 앉아 있다. 소년은 휴대폰으로 네가 질색하는 무전기 놀이를 하고 있다. 진실과 거짓을 동시에 말하고 있다는 걸 딱 보니 알겠다.

"너는 씨발 내 평생 누구보다 큰 상처를 줬어." 소년은 말한다. "그래도 너를 미워할 순 없겠지…… 그냥 너를 믿을 수가 없어…… 너는 나한테 이런 짓을 한 두번째 사람이야. 진실을 말한다고 했던 건 너야…… 네가 이 모든 걸 시작했어." 백인 소년은 왼손 엄지손가락으로 불알주머니를 긁으면서 엄지발가락으로는 자기 앞쪽 땅바닥에 무늬를 그리고 있다. "너는 내 인생을 망쳤고 내가 너한테 준 상처와는 비교도 안 되게 큰 상처를 나에게 줬어. 항상 모든 게 너 때문이야."

너는 수화기 저편에 있는 두번째 사람(the second person, 이인칭 인물)이 궁금해진다. 그 사람은 여자일까, 남자일까? 그 여자 혹은 남자는 체크무늬 셔츠 소년의 말을 스피커폰으로 듣고 있을까? 그 여자 혹은 남자는 어서 빨리 데어리 퀸으로 달려가서 원 플러스 원 행사중인 피넛 버스터 파르페를 사올 수 있도록 체크무늬 셔츠가 서둘러 말을 끝내주기를 바라고 있을까? 사랑과 상실의 문제에서 왜 일인칭 인물이나 삼인칭 인물이 자기 혼자 옳다는 듯 결백을 주장할 수 있는지 너는 너무나 잘 알고 있다. 하지만 왜 체크무늬 셔츠가 엄지손가락으로 자기 불알주머니를 긁으면서 엄지발가락으로 흙 무지개를 그려대는지는 도무지 알 수가 없다.

키보드 자판의 누렇게 변색된 S키를 내려다보며 너는 담당 편집자와 전 여자친구, 깡마른 사람들, 뚱뚱한 흑인 남성 청년들에 관해 더 많은 악의적인 생각을 한다. 이런 생각들로 골반의 통증이나 더러워진 손은 잠시 잊힌다.

편집자 브랜던 팔리는 5년 동안 너를 기다리게 했다.

전국에서 가장 인기 있는 아프리카계 미국인 출판사 '켄테클로스 북스(KenteKloth Books)'와 책 두 권을 출간하는 계약을 맺었다는 소식을 전했을 때 할머니의 목소리에 깃들어 있던 새콤달콤한 기색을 너는 기억한다. 할머니가 두번째로 당뇨성 혼수 상태에서 깨어난 그 무렵 뉴욕의 가을은 미시시피의 겨울 같았다.

"정말로 자랑스럽구나, 내 새끼." 미시시피주 포레스트에 계시던 할머니가 전화기 너머에서 속삭이듯 말했다. "하나님이 네게 오감과 지금 가진 건강을 주신 데는 다 이유가 있다는 것만 명심하렴. 오감과 건강은 사라지면 끝이지만, 그것들이 있을 때 최선을 다해 쓰지 않는다면 세상에 거울 속에 비친 그 바보보다 더

한 바보는 없단다."

 2009년 6월 중으로 잡혔던 첫 소설의 출간 예정일을 6개월 앞두고 브랜던 팔리로부터 연락이 끊겼다. 그는 너의 전화도 받지 않고 이메일에도 회신하지 않았다. 결국 너는 포기했고 2월에 켄테클로스 출판사에 전화를 걸었다.

 "아, 브랜던이 말하지 않던가요?" 브랜던의 상사가 물었다. "브랜던은 우리 출판사를 그만뒀어요. 하지만 작가님 책은 나탈리 베일리가 인계받았으니 수일 안에 연락드릴 겁니다."

 심장에서 바람이 빠져나가고 쪼그라들더니 쿵 하고 발밑까지 내려앉았다. 너는 다 괜찮을 거라고 되뇌었다. 그러고는 섹시한 엉덩이를 이끌고 팬케이크 전문점 아이홉으로 터덕터덕 향했다.

 세 시간 뒤, 배불리 먹은 너는 원하던 것보다 더 뚱뚱해졌고 이전보다 섹시함이 덜해졌으며 브랜던 팔리의 집으로 연락할 방법을 알아냈다. 브랜던은 자기 상사와 의견 충돌이 있었음을 너에게 알리지 않은 데 대해 사과했다. 그리고 나탈리 베일리가 자기 친구라면서 너의 두 소설 작업을 제대로 해줄 거라고 장담했다.

 일주일 뒤 나탈리로부터 전화가 왔다. "요즘은 흑인 순문학 소설을 팔기가 쉽지 않아요." 나탈리가 말했다. "하지만 저는 작가님 작품이 좋아요. 작가님은 진정한 흑인 작가가 되는 과정에 있죠. 이 책은 심각한 아이디어들이 복잡하게 뒤섞여 있는 대단히 매력적인 작품이에요. 강도 높고 신속한 작업이 필요하겠지만,

이 책의 출판을 저한테 맡겨주시면 좋겠어요. 이 책은 성공할 거예요."

너는 나탈리의 말에 안도했지만, 브랜던과 일할 때처럼 즉흥적으로 대처하고 싶지 않았다. "며칠만 생각해봐도 될까요?" 너는 나탈리에게 묻는다. "그냥 확실히 하고 싶어서요."

그렇게 며칠이 지났고, 너는 목요일 오후 4시에 나탈리에게 전화할 계획이었다. 그런데 오후 3시에 212로 시작하는 번호로 전화가 걸려 왔다. 책 계약을 하기 전까지 917과 212(둘 다 미국 뉴욕시에서 사용되는 지역번호다 – 옮긴이)로 시작하는 전화번호는 너에게 날씬해 보이는 거울과도 같았다. '이 깜둥이 자식, 제법 봐줄 만한데'라는 생각이 들게 해준 것이다.

917이나 212로 시작하는 번호는 에이전트나 편집자, 혹은 자기가 미안하다면서 함께 심장 박동을 나누던 때가 그립다고 말하는 전 애인의 전화였다.

"여보세요." 너는 바쁜 듯한 기색과 느긋한 느낌을 동시에 전하려 애쓰면서 전화를 받는다.

"안녕하세요."

브랜던 팔리였다.

몇 분 동안 브랜던 팔리는 네 책을 얼마나 많이 기억하고 있으며 널리 인정받는 덕 덕 구스 출판사(Duck Duck Goose Publishing Company)의 영어덜트 소설 부문의 신임 수석 편집자가 되어 얼마나 만족스러운지 같은 잡다한 이야기를 하더니 이윽고 본론을 꺼냈다. "……. 그러니까 내 말은, 우리 출판사에서 작가님 책에 정말 관심이 많아요."

"정말로요?"

"정말이다마다요, 친구!" 브랜던은 소리 내어 웃었다. 살면서 흑인이 끝모음을 길게 끌면서 '친구'라고 부른 건 처음이었다.

"친구," 브랜던이 다시 한번 말했다. "켄테클로스에서 두 권 계약으로 받은 것보다 한 권 계약에 더 많이 줄게요. 다음 책에 대한 판권 계약 우선권을 요구하겠지만, 그렇더라도 작가님은 원하는 융통성을 얻을 수 있을 거예요."

"진심이에요?" 네가 되묻는다. "영어덜트 소설로 분류될 거라면 작품의 숨겨진 의미나 어두운 내용이나 메타픽션 요소를 바꿔야 한다는 게 조금 걱정되는데요. 결말이 그리 아름답지 않으니까요."

"영어덜트 픽션의 가능성이 얼마나 넓은지 알면 놀랄 거예요." 그는 말했다. "들어봐요, 친구. 청소년과 젊은 성인이 읽을 거예요. 이건 대중에 통하는 성인용 순문학 소설이라고요. 많이 수정할 필요도 없을 테고, 출간일도 2010년 6월로 잡아줄 수 있어요."

"그러면 나탈리는 어쩌고요?" 너는 질문했다.

"친구, 나한테 나탈리에 관해 묻는 두번째 사람이군요." 브랜던은 굶주린 힙합 거물 같은 말투로 비웃었다. 너는 '비웃었다'라는 단어를 쓴다는 건 생각만 해도 싫었다.

"비즈니스잖아요, 친구. 개인적인 일이 전혀 아니고요. 그쪽 출판사와의 계약은 파기해야 할 거예요. 작가님에게 꼭 맞는 에이전트도 찾아뒀어요. 채텀 워드 앤드 어소시어츠(Chatham Ward & Associates)에서 일하는 바비 윈슬로라는 여자인데 아주 멋지고 훌륭해요. 한번 검색해봐요. 우리랑 같이 하기로 결정 나면 바비가 모든 일을 처리해줄 거예요."

너는 싱긋 웃었고 브랜던이 네다섯 번이나 '친구'라고 부른 것을 용서했다.

그날 늦게 완벽한 에이전트이자 멋진 여자라는 바비가 212로 시작되는 번호로 전화를 걸어와서 네게 작업중인 다른 작품들을 보내달라고 요청했다. 오후 8시 무렵, 너는 브랜던이 원했던 책과 또다른 소설, 그리고 쓰고 있던 에세이 몇 편의 초고를 바비에게 보냈다. 오전 3시경 바비의 이메일이 왔다. "작가님과 같이 일하고 싶어요. 5년 사이 제가 이런 말을 한 사람은 두번째인데, 작가님은 현대 아프리카계 미국인 문학의 궤도를 바꿀 수 있을 분이라고 생각합니다. 브랜던이 말하는 '진정한 흑인 작가'가 될 자질이 있으세요. 작업중이신 새로운 프로젝트도 대단히 기대되고요. 채텀 워드와 계약하시면 다음주쯤 우리 회사 변호사들을 통해 나탈리와의 계약을 해지해드릴 거예요. 브랜던은 3주

안에 선금의 절반을 지급해줄 수 있다고 하네요. 그럼 또 연락드리겠습니다."

너는 나탈리에게 연락하지 않았지만, 며칠 뒤 완벽한 에이전트이자 멋진 여자인 바비가 연락했다. "나탈리가 대단히 화가 났어요." 며칠 뒤 바비가 말했다. "하지만 사랑과 전쟁, 비즈니스에서는 무엇이든 정당한 법이죠." 지금 이 상황은 사랑과 전쟁과 비즈니스 중 어느 쪽일지 궁금해하면서, 너와 완벽한 에이전트이자 멋진 여성은 브랜던이 약속을 지키기를 기다리고 또 기다렸다.

그로부터 6개월 뒤, 2009년 6월로 잡혔던 애초의 출간일로부터 3개월이 지날 무렵, 브랜던은 원래 약속했던 것보다 훨씬 적은 금액과 구두로 합의했던 날짜보다 1년 늦은 출간일을 제시했다.

"이런 말을 해서 죄송하지만," 212로 시작되는 다른 번호로 전화를 걸어온 완벽한 에이전트가 말했다. "브랜던 팔리는 우리를 속여서 수천 달러를 등쳐먹고 출간일도 2011년 6월로 미뤄버리는 진짜 비열한 깜둥이 개자식이에요. 이건 전문가가 할 짓이 아니죠. 이제 와서 생각하니 이건 그냥 작가님을 켄테클로스와 떼놓으려는 일종의 미끼가 아니었을까 의심스럽네요. 그 출판사를 물 먹이려고 자기가 담당했던 작가들을 전부 빼내려 하고 있거든요."

"이해가 안 돼요." 에이전트가 한마디 안에 '등쳐먹다'와 '개자식', '깜둥이'라는 단어를 모두 쓴 것에 창피하지만 내심 짜릿해하며 너는 말했다.

"그러니까 브랜던이 켄테클로스에서 훌륭한 흑인 신인 작가들의 명단을 입수했는데, 그가 회사에서 사실상 해고된 후에 작가들은 모두 나탈리와 같이 일하게 됐어요. 자기가 해놓은 많은 일의 공이 나탈리와 출판사 쪽으로 넘어가게 생긴 거죠. 이제 이해가 되세요? 우리는 정말 지저분한 일에 얽혀든 거예요."

네가 마침내 브랜던 팔리로부터 첫번째 교정지를 받은 건 이듬해 7월이었다. 작품의 분위기가 지나치게 어둡다거나 확실한 구원이 이루어지는 결말이 필요하다는 말에 더해 브랜던은 이렇게 썼다. "이 작품에는 인종 정치적 요소가 많아도 너무 많아요, 친구. 다문화 사회를 대상으로 글을 쓰고 있으면서, 정작 글이 전혀 다문화적이지 않다고요."

너는 '다문화적'으로 글을 쓴다는 게 정확히 무슨 뜻이며 도대체 어떤 흑인 남자가 이메일에서 '친구'라는 단어를 쓰는 거냐는 생각을 입 밖으로 뱉어냈다.

"친구, 이 책의 분량을 284쪽에서 150쪽으로 줄여야 해요. 출간 일정도 더 늦춰야 하는데, 2012년 6월로 생각하고 있어요. 이건 비즈니스라는 걸 명심해요. 내 생각에는 작가님이 전부 엎고 처음부터 다시 시작해야 할 것 같지만, 그래도 기죽지는 말고요. 화자는 꼭 흑인 소년이어야 할까요? 이야기의 배경은 꼭 미시시피여야 해요?『퍼시 잭슨』시리즈를 읽는 사람들이 작가님 소설 독자층의 큰 부분을 차지해요. 주말 동안 쭉 한번 읽어봐요. 진정한 흑인 작가라면 시장에 맞추는 거예요, 친구. 적어도 첫 소설은 그렇게 해야죠."

퍼시 잭슨이 내적 갈등을 겪고 있는 버밍엄 출신 흑인 소년의 이름이 아니라 올림포스산의 신들을 구한 짝퉁 해리 포터라는 사실을 알게 되었을 즈음, 너는 이미 만신창이가 되어버렸다. 그사이, 네가 사랑한다고 단언하던 누군가는 네가 출간 실패를 이유로 괴물로 변하고 있다고 말했다. 그녀는 네가 항상 경멸하던 유형의 인간이 되어가고 있다고 말했다. 너는 미국의 괴물들과 살인자들이 흔히 그러듯이 진실로부터, 그리고 무엇보다 책임으로부터 스스로를 변호했다. 그뿐만 아니라 말한 상대방도 네가 지금 느끼는 것처럼 완전히 무가치하고 혼란스럽고 악의로 가득한 기분을 느끼게 하려고 애썼다. 그날 밤 너는 도저히 잠들 수 없었다. 그래서 소설을 다시 들여다보는 대신 난생처음 이런 문장을 썼다. "나는 삼촌과 똑같이 나 자신 그리고 가까운 사람들을 서서히 죽이고 있다."

이상이 생긴 건 이뿐만이 아니었다. 네 몸이 더는 네 몸처럼 느껴지지 않았다. 너와 할머니 둘 중 한 사람이 죽기 전에 과연 할머니가 네 작품을 보실 날이 올지 의문이 들었다.

원래 예정됐던 첫 책의 출간일로부터 2년이 지날 때까지도 책은 나오지 않았다. 질문이 도미노처럼 꼬리를 물고 이어졌다. 브랜던은 그 책을 왜 샀을까? 너는 끊임없이 자문했다. 그놈은 왜 작가님 책을 원하지도 않으면서 계약을 채 갔을까요? 완벽한 에이전트가 끊임없이 너에게 물었다. 왜 지키지도 못할 약속을 했어요? 너는 브랜던에게 전화로 물었다.

"그 책에는 덕 덕 구스의 이름만 들어가는 게 아니에요." 너는 속엣말을 털어놓다가 일이 틀어지면 어떻게 될지 조금은 의식하면서 그에게 말했다. "그 거지 같은 책에는 내 이름도 들어간다고요. 그러니까 어떤 면에서 이건 비즈니스가 아니에요. 편집자님은 꼭 내가 거짓말을 하기를 바라는 것 같아요. 나는 먹고 살려고 글을 읽고 써요, 브랜던. 세상에 나와 있는 거지 같은 글을 다 본다고요. 편집자님이 낸 다른 책들도 읽었어요. 애플비스의 기름투성이 어린이 메뉴판처럼 보이는 우스꽝스러운 책 표지들도 봤어요. 나는 빌어먹을 기름투성이 애플비스 메뉴판에 내 이름을 올리지 않을 거예요. 그럴 수는 없어요. 책의 질이 중요하다는 식의 위장은 그만둬요. 편집자님도 그렇고, 아마 그쪽 출판사 편집부도 이 책이 안 팔릴 거라 생각하겠죠. 남부의 흑인 독자들은 문학작품 따위 읽지 않는다고 확신하니까요. 뭐, 그건 좋아요. 어쩌면 그 생각이 맞겠죠. 하지만 그렇게 믿음이 없었으면서 애당초 그 책을 왜 샀어요? 있죠, 내가 요즘 쓰고 있는 에

세이들로 이 소설을 읽을 독자층을 만들어낼 수 있어요. 무슨 멍청한 소리냐 싶겠지만, 정말 할 수 있어요. 다만 편집자님이 정말로 이 책을 출판할 열의가 있는지 알아야겠어요. 책의 비전에 대한 믿음이 있는 건가요?"

한참 동안 대꾸가 없는 사이 브랜던이 비서 자크에게 나가 있으라는 지시와 함께 글레이즈를 추가한 따뜻한 베어 클로(Bear Claw. 주로 아침식사용으로 먹는 달콤한 페이스트리 빵—옮긴이)를 사다달라고 하는 소리가 들렸다. 이윽고 브랜던이 말했다. "친구, 오늘 오전에만 내가 일하는 방식에 불만을 표시한 사람이 두 명째네요. 첫번째 사람은 그나마 눈치라도 더 있었지. 솔직히 작가님 책을 읽는 건 고역이었어요. 이건 비즈니스라고요. 그 거지같이 촌스러운 이야기는 미시시피에서나 하든가. 나는 충분히 배려했어요. 그건 잊지 말아요. 그냥 그쪽이 좋은 작가가 못 되는 거라고요, 친구. 이만 끊습니다."

다음날 아침에 너는 브랜던의 이메일을 받았다. 내용은 이랬다.

"안녕하세요, 완다. 오늘 오후에 교정을 끝냈어요. 글이 완전 끝내주던데요. 축하해요. 몇 군데 수정 사항을 보냈지만, 전체적으로 아주 훌륭해요. 테주나 치마만다(아프리카 문학계의 스타 작가인 테주 콜(Teju Cole)과 치마만다 응고지 아디치에(Chimamanda Ngozi Adichie)를 가리킨다—옮긴이)도 저리 가라예요. 미국 흑인 작가들에게 이렇게 써야 한다고 보여주는 새로운 아프리카계 작가가 나왔네요. 정말 자랑스러워요. 늘 동트기 직전이 가장 어두운 법이에요, 완다. 현대 디아스포라 문학의 미래를 이끌 작가와 함께 일하고 있으니 기운이 마구 샘솟네요. 데이비드에게도 안부 전해줘요. 브랜던."

'완다'는 네 이름이 아니었고, 앞으로도 그럴 일은 없을 것이다.

너는 페이스북 계정에서 뉴스피드 페이지로 들어가서, 페이스북 친구로 등록돼 있는 브랜던이 편집을 맡은 최근 출간작들과 조만간 나올 책들의 표지를 올려놓은 포스팅을 확인했다. 완다의 책은 정말로 애플비스의 기름투성이 어린이 메뉴판처럼 보였다. 다른 책들의 표지도 모두 마찬가지였다. 브랜던이 너와 계약하고 나서 2년 뒤에 계약을 체결해 책을 출간한 작가들을 구글에서 검색하는 동안 눈물이 흘러내렸다. 너 역시 애플비스 메뉴판에 이름을 올리고 싶었던 것이다.

몸이 그 어느 때보다 뚱뚱해졌고 골반 관절도 매일같이 더 녹슬고 상태가 나빠졌지만, 그래도 네 안에는 독종 기질이 있었다. 그래, 브랜던이 먼저 폭탄을 던졌지, 너는 생각했다. 하지만 바로 그 순간, 너는 무슨 수를 써서라도 소설을 출간하고야 말겠다고 결심했다. 그래야 감사의 말에서 브랜던에게 감사 인사를 전할 수 있을 테니까.

"······그리고 변신술에 능통하고 비겁하기 짝이 없는 거짓말쟁이 늙은이 브랜던 팔리에게 특별히 감사를 전한다. 글을 쥐뿔도 못 써서 편집일을 하는, 절대 못 믿을 작자에, 이름이 자크나 퍼시 잭슨인 백인 사서가 먹던 것이기만 하다면 빌어먹을 글레이즈 발린 베어 클로 하나에 엄마도 팔아먹을 인간이다. 당신이 어디 사는지 알아요. 어깨들도 준비해뒀고. 이제 나를 좀 알아보겠어요? 자-알 됐네요. 축하해요, **친구**."

하지만 이 글 대신 너는 이렇게 썼다. "완다에게 쓴 이메일을 왜 나한테 보냈는지 모르겠네요, 브랜던. 우리 둘 다 잘 팔리는 책과 가능성 있는 책의 차이를 제대로 알아볼 수 있었으면 좋겠습니다. 담당한 작가들 몇몇이 잘되고 있는 것 같아 기쁘군요. 내 책들에도 숨쉴 기회를 줘야 한다고 생각해요. 영감을 주셔서 고마워요. 완다에게 축하한다고 전해주세요."

브랜던은 너의 이메일에 답신하지 않았다.

너는 몇 주 동안 침실에 틀어박혀 죽은 삼촌과 할머니, 그리고 있지도 않은 아들딸을 향한 에세이를 썼다. 그 침실을 벗어나고 글을 쓰는 삶에서 벗어날 때면, 너는 **사랑한다고 말하기를 두려워하지 않고, 너무 쉽게 미안하다고 말하고, 네 삶을 이루는 요소들을 바꾸려 하지 않는** 철저한 거짓말쟁이가 되었다. 그러니까 너는 자기 심장을 먹어치웠고, 너를 사랑한 여자의 심장도 절반쯤 먹어치웠던 것이다.

봄이 끝자락에 다다른 어느 화요일, 네 왼쪽 다리가 움직여지지 않았고 발가락에도 감각이 없었다. 게다가 너는 한 달째 침대 매트리스가 흠뻑 젖도록 식은땀을 흘려댔다. 눈썹이 근사하고 조막만한 손에 손가락에는 털이 수북한 의사가 '악성 종양'이라는 말을 꺼내기 한참 전부터 너는 뭔가 잘못돼도 크게 잘못됐다는 것을 알았다.

"쉽지는 않을 겁니다." 봄방학을 앞둔 금요일에 의사가 말했다. "오늘 제가 이 병으로 진단을 내린 두번째 환자분이시네요. 그래도 수술 없이 치료할 수 있는 가능성은 있어요. 3년 동안 통증을 안고 살았다고 하셨죠? 솔직히 환자분이 걱정됩니다. 뭔가를 억누르고 계신 것 같군요. 두려움을 표현해도 괜찮아요, 아시겠죠? 궁금한 점 있나요?"

너는 의사의 눈썹이 검은 밀다발처럼 이리저리 흔들리는 모습을 쳐다봤다. 두 눈썹은 마치 잔뜩 들뜬 네 살배기가 검은색 크레용을 한 움큼 손에 쥐고 마구잡이로 그려댄 것처럼 보였다. "눈썹이 멋지세요." 너는 의사에게 말했다. "제가 왜 이러는지 모르겠어요. 그저 우리 할머니가 저를 진정한 작가라고 생각하셨으면 좋겠어요."

"실은 치료와 함께 정신과 상담도 권하고 싶습니다." 의사는 이 말을 한 뒤 너를 진료실 밖으로 안내했다.

이후 몇 달간 너는 치료를 받았고, 정신과 상담을 건너뛴 것에 자부심을 느꼈다. 골반의 악성 종양에 관해선 아무에게도 말하지 않았다. 네가 심장을 먹어치우고 있는 사람에게조차 말하지 않았다. 이제 더는 뛰거나 신뢰할 수 없게 되었지만, 먹는 것과 미워하는 것은 할 수 있었다. 그래서 너는 먹고 또 먹고 또 미워했으며, 그러다 5개월 뒤 체중이 68파운드(약 30킬로그램) 늘어나자 급기야 스스로도 알아볼 수 없는 지경이 되었다.

봄이 끝자락에 다다른 어느 일요일, 역시나 스스로를 서서히 죽이고 있던 가족 두 명과 대화를 나누고 난 너는 그때껏 만들어온 우울을 드디어 세상에 보여주기로 결심했다. 또한 브랜던 없이 소설 교정도 마무리하겠다고 결심했다.

"그 숲속에 있는 내내 나는 한 번도 멈춰 서서 위를 쳐다보지 않았다." 책 끝부분의 한 장면에서 너는 이렇게 썼다.

이후 4개월 동안 너는 골반 치료를 거르면서 소설의 새로운 초안을 완성했다. 브랜던이나 다문화주의나 볼 일도 없는 교육위원회를 위해 이야기를 쉽게 고쳐쓰지 않았다. 폴 비티와 마거릿 워커 알렉산더, 커샌드라 윌슨, 빅 크릿, 옥타비아 버틀러, 갱스타 부, 그리고 너의 형제 같은 어린 친구들과 모든 선생님을 향해 정직한 책을 썼다.

7월에 너는 기도를 올린 뒤 브랜던에게 책을 보냈다. 허리케인 카트리나 이후를 배경으로 아프로퓨처리즘(아프리카 문화와 역사에서 유래한 사상과 공상과학적 요소를 융합한 예술 양식—옮긴이)과

시간 여행 요소가 가미된 남부 흑인의 사랑 이야기로 모험, 메타픽션, 미스터리로 가득한 작품이라고 소개했다. 소설 속의 한 등장인물이 과거, 현재, 미래를 오가면서도 끈덕지게 애쓰는 모습을 보여주기 때문에 너는 이 책에 '롱 디비전(Long Division)'이라는 제목을 붙이고 싶었다.

"자부심을 느끼는 책이에요." 너는 원고에 덧붙인 편지에 이렇게 썼다. "내가 미시시피에서 십대 시절을 보낼 때 읽었어야 하는 그런 책이에요. 아니, 지금의 내가 읽어야 하는 책이죠. 필요한 작업이 있다면 기꺼이 하겠습니다. 괜찮아 보이시면 연락 주세요."

브랜던은 그날 바로 답장을 보내왔다. 주말 동안 검토해보고 어떻게 생각하는지 알려주겠다는 내용이었다.

4개월 뒤에야 마침내 그의 이메일이 왔다. "이전 원고들에서 보이던 문제가 이번 원고에도 그대로 남아 있네요." 이메일의 마지막에 브랜던은 이렇게 썼다. "좀더 전통적인 형태의 모험이 필요해요. 등장인물끼리의 관계나 인종 정치는 줄이고 모험 부분을 늘려야 해요. SF 요소가 어떤 식으로 작동하는지 설명이 돼야죠, 친구. 미시시피의 흑인 아이들이 시간 여행을 하면서 제도적인 인종차별주의를 논한다는 이야기를 어느 누가 납득하겠어요. 도무지 종잡을 수가 없잖아요. 메타픽션적 관점은 버려요. 아직 그런 걸 소화해낼 자격도 안 되면서. 이 책은 여전히 읽기가 괴롭군요. 아무래도 진정한 흑인 작가가 되고 싶은 생각이 없다는 확신이 드네요, 친구. 책이 성공하느냐 마느냐는 일정 부분 작가님이 의도한 독자층과는 다른 감수성을 가진 독자들에게……"

 여전히 네가 앓는 병이나 네가 겪은 실패를 제대로 직시하기에는 너무나 수치스럽고 네가 내린 결정을 인정하기에는 너무나 겁쟁이였던 너는 거실 바닥에 퍼질러 앉아 눈이 퉁퉁 붓도록 울었다. 한참을 울다 웃다가, 과연 사랑이 공공 정책에서 잊힌 사람들을 구할 수 있을까 생각하다가 메모지를 가져와 휘갈겨 썼다. "너는 혼자 아파트 바닥에 앉아……"

 두 시간 남짓 글을 쓰고 나서 너는 문득 의문이 들었다. 왜 글의 서두를 "너는 혼자……"로 시작했을까. 너는 이 세상 누구에게도, 심지어 너 자신에게조차도 '나'가 아닌 것이다.

 너를 사랑하는 사람들이 자신들의 삶에서 너를 두번째 사람인 이인칭으로 만들었을 때, 네가 원하는 것보다 관계에 필요한 것을 우선했을 때, 너는 그들의 마음을 짓뭉개버렸다. 그리고 너도 같은 이유로 마음이 짓뭉개졌다.

 너는 괴물이 아니다. 너는 결백하지 않다.

 키보드 자판의 누렇게 변색된 S키를 내려다본다. 네가 얼마나 살지 너는 모른다. 아무도 모른다. 언제까지 두 다리가 붙어 있을지 너는 모른다. 이제 브랜던 팔리를 향한 분노와 증오나 책 출간 실패에 그만 휘둘리고 인간답고 건강하게 사는 법을 더 중시해야 할 때임을 안다. 네가 적어도 너 자신 그리고 다른 미국인들을 서서히 죽이는 데 정말 능하다고 느끼는 두번째 사람이라는 사실을 너 자신과 너의 글, 너를 사랑하는 사람들에게 인정해야 할 때임을 안다.

"원고를 읽기가 그리도 괴로웠다니 유감이네요, 브랜던." 너는 키보드를 치기 시작한다. "나는 건강해지고 싶어요. 그러려면 솔직해야 할 뿐만 아니라 내 삶을 되찾고 더는 실패한 탓을 편집자님에게 돌리지 않을 위치로 옮겨가야 하죠. 그간 편집자님에 관해 나쁜 생각도 심한 말도 했어요. 편집자님 때문에 내 몸이 망가지고 마음이 부서진 거라고 탓했어요. 내가 진정한 흑인 작가인지, 진정한 자존심과 진정한 위엄을 가질 만한지가 편집자님과 편집자님의 인정에 달려 있다고 진심으로 믿었어요.

내 작품이나 내 안에는 편집자님의 일이나 편집자님 안의 어떤 부분과 통하는 뭔가가 있었어요. 우리는 연결되어 있어요. 앞으로 어떻게 될지는 잘 모르겠네요. 진정한 작가건 아니건, 첫 책이 나오기 전에 유명 출판사를 떠나는 젊은 작가는 없잖아요? 뭐, 어쨌거나요. 나는 편집자님이 쓰이길 원하는 책에 내 이름을 올릴 수 없고, 편집자님도 내가 읽히길 원하는 책에 그쪽 출판사 이름을 올릴 리 없겠죠. 우리는 노력했지만, 인생은 길고도 짧아요, 브랜던. 과거에 나는 글을 써서 죽음과 파괴에서 벗어났어요. 이제 다시 그렇게 해보려고 노력중이고요. 당분간은 뉴욕에서 책을 출판할 생각을 접었어요. 편집자며 에이전트며 온갖 스트레스와도 끝이에요. 미움이 남아서는 전혀 아니고, 그냥 나랑은 안 맞는 것 같아요. 그 모든 걸 상대하면서 건강할 수는 없어요. 나는 많은 것들을 만들어왔어요. 대다수는 엉망이고, 개중 몇은 대박이죠. 내 작품을 내 독자들이 접하게 할 것이고, 그들이 더 보고 싶어하면 보여줄 거예요. 그렇지 않더라도 괜찮아요. 나는 작가니까, 글을 쓸 뿐이에요.

미안해요. 미안하다는 말은 좀처럼 충분치 않으니 더 미안해요. 하나님은 내게 여러 감각과 약간의 건강을 주셨어요. 이제 그것들을 최선을 다해 활용할 때가 됐어요. 시도해줘서 고마웠어요. 앞으로 잘되시길요. 내가 쓰고 있는 작품이 마음에 드셨으면 좋겠네요. 이 글과 잘 맞으실지는 모르겠지만, 흑인 문화와 우울의 정서, 미시시피를 다룬 새롭고 솔직한 이야기인 건 분명해요. 난 친구가 아니에요, 브랜던. 편집자님도 마찬가지고요. 다시 한번 여러모로 고마웠어요."

너는 위를 쳐다본다.

눈을 감는다.

숨을 쉰다.

고개를 내려 계속 쓰고, 고치고, 생각한다. 그것이 진정한 흑인 작가들이 하는 일이기에.

9부
남부 흑인 소년을 훔쳐 간 힙합

1998년, 나는 오벌린대학 머드도서관의 지하 화장실에 서서 자문했다. **빨리, 키에, 도대체 사이퍼(Cipher)가 뭐야?** 그것은 입 밖으로 소리 내 물을 수 없는 질문이었다. 내가 말한 사이퍼(래퍼, 비트박서, 브레이크댄서 등이 모여서 각자 자신을 표현하고, 의견을 나누고, 창의적인 협업도 하는 문화를 가리키는 힙합 용어. 랩으로 국한하면 여러 래퍼가 같은 비트에 랩 대결을 펼치는 것을 말한다 - 옮긴이)는 브롱크스 출신의 리치 산티아고와 데이비드 제이컵스가 이 화장실 밖에서 만들고 있는 잡지 〈더 사이퍼Tha Cypher〉가 아니라 다른 단어였기 때문이다. 내가 기억하기로 '사이퍼'라는 단어가 처음으로 내게 스멀스멀 다가왔던 건 1992년 무렵 미시시피 중부에 있던 훨씬 작은 화장실에서였다.

  그 시절 우리 일곱 명은 점심시간이 시작되고 15분이 지나면 일명 '비보이(B-Boy) 화장실'로 직행했다. 우리 사이에서 '비보이'는 브레이크댄스 보이(Breaker Boy)도 배드 보이(Bad Boy)도 브롱크스 보이(Bronx Boy)도 아니었고, 흑인 남학생(Black Boy)을 뜻하는 말이었다. 그 화장실에서는 그룹 크루키드 레타즈(Crooked Lettaz. 미시시피주 잭슨 출신의 미국 힙합 듀오-옮긴이)의 천상계 래퍼 카미카제의 동생이기도 한 B. 대즐이 앞장서서 스테이시 '킹 슬렌더' 힐을 가사로 제압하고 있었다.

두 소변기 사이에 엉거주춤 선 내가 두 손을 모아 입에 갖다대고 어설프게 비트박스를 하고 있으면 B. 대즐은 끝도 없이 랩을 쏟아냈다. 그 화장실에 있던 흑인 남학생들은 모두 그의 가사에 제대로 느낌을 받았거나 적어도 그런 것처럼 굴었다. 우리가 더 현명해져야 하는 남부 깜둥이라는 사실에도 **불구**하고, 우리는 얄궂게도 B. 대즐의 랩을 듣는 것만으로 더 현명해지고 진짜가 된 기분을 느끼는 남부 깜둥이들이었기 **때문**이다. 방금 전 디스를 당했던 킹 슬렌더를 비롯한 우리 일곱 명은 '사이퍼'를 포함해 그의 랩에 들어가는 단어를 모두 알아들었다는 듯이 고개를 까딱거리고 주먹을 흔들어댔다.

우리 공간에 들어오려면 일단 비보이여야 했다. 흑인 여학생이나 아시아인이나 백인은 우리가 차지하고 있는 비보이 화장실에 아무도 발을 들이지 않았다. 하지만 내 상상 속에서는, 사교적이고 과장되게 행동하며 평화를 부르짖는 K. 패리라는 백인 남자가 나름 예리한 재치와 극적이고 번드르르한 말재간을 앞세워 마치 록키처럼 꿋꿋이 우리 공간에 들어오려고 시도하는 광경이 늘 펼쳐진다. 이 덩치 큰 배우는 물 빠진 청반바지와 페니 로퍼 차림으로 건들거리며 화장실에 들어온다. 그러고는 라임도 맞지 않는 모놀로그를 내뱉다가, 좀전에 깨졌던 킹 슬렌더에게 잘근잘근 씹히고 만다. 킹 슬렌더는 대충 이렇게 내뱉는다. "…… 나는 스테이시 더 힐이 아니라 클러버 랭(영화 〈록키 3〉에서 주인공 록키와 대결하는 강력한 흑인 복서 캐릭터-옮긴이)이다, K. 패리. / 이건 록키 발보아가 박살나는 깜둥이 버전이지." 그리고 "영원하라, 아폴로 크리드(〈록키〉 시리즈 1~4편의 등장인물. 록키의 최대 경쟁자이자 친우인 흑인 스타 복서로, 무하마드 알리를 모델로 탄생했다-옮긴이)"라는 말로 끝을 맺는다.

익숙한 전개다.

흑인 여학생들은 자기들 나름의 의식을 치르기 바빴기 때문에 우리 공간의 진정한 일원이 될 수 없었다. 게다가 다른 성별의 화장실에 있다가 걸리면 일주일간 정학을 당했다. 우리는 흑인 여학생들이 들을 수 있을 정도로만 화장실 문을 살짝 열어두었다. 그러면 여학생들의 귀에 들리는 건 아마도 우리가 내뱉는 랩 가사보다도 각각의 랩에 대한 우리의 반응이었다. 비트박스 위에 얹힌 자기 자랑과 고백, 비판의 목소리가 소변기와 화장실 칸 사이를 지나 화장실 문 밖의 복도로 흘러나갈 때면, 흑인 여학생들과 백인들, 아시아인들, 덜떨어지는 깜둥이 녀석들은 그저 그 사운드만 소비하고 분석할 뿐 그 사운드가 비롯된 창의적 문화나 경험에는 온전히 참여하지 못했다. 우리의 사이퍼는 그들에게 접근 금지 영역이라고 B. 대즐은 말했다. 그리고 입 밖에 꺼내지는 않았지만, 우리는 그런 식으로 흘러가기를 원했다. 특히 흑인 여학생들이 우리가 뭘 하고 있는지 멀리서 듣고 싶어 안달하기를 바라면서도, 그들을 우리의 주요한 관객으로는 여기려 하지 않았다. 반대로 흑인 여학생들 또한 자신들의 은밀한 의식에 우리를 끼워주지 않았다.

우리 입장에서 복도에 있던 흑인 여학생들의 위치가 정해진 방식은 우리가 뉴욕 힙합을 엿듣는 남부인들로 위치 지어진 방식과 같았다. 개중에는 벌어진 문틈에 최대한 가까이 다가오려는 사람도 있었지만, 결코 안으로까지 들어올 수는 없었다. 우리는 그 공간 안의 남부 흑인 남학생 일곱 명이 은밀하고 신비에 싸여 있었으며, 우리가 어떻게 혹은 왜 거기서 그러고 있는지 제대로 모르는 사람들에게 동경의 대상이 되었다는 사실을 알았다. 그런 확신 덕분에 우리는 더 자신감 넘치고 침착해졌으며 진정한 힙합에 더 가까워진, 그리고 희한하게도 뉴욕에 더 가까워진 기분을 느꼈다.

그 비보이 화장실 안에서 힙합 공신력은 자랑의 수준이나 비판의 강도, 고백의 치열함과는 거의 무관하다는 사실을 우리 모두 알고 있었다. 실제로 그 절대적인 근거는 힙합 미학에 있었다. 그리고 그러한 미학의 근거는 지리적 위치에 있는 것처럼 보였다. 힙합과 뉴욕은 이런 남부의 작은 공간에서 무언의 기준이 되었고, 비보이 화장실에서 누군가의 가치는 나머지 여섯 명이 생각하기에 그 사람과 그의 스타일이 얼마나 힙합이나 뉴욕의 느낌에 가까운지에 거의 전적으로 좌우되었다.

나는 여름마다 아버지를 만나러 뉴욕주 북부에 간다는 이유로(미시시피의 흑인 주민 대다수에게는 뉴욕주가 뉴욕시와 동의어였다) 힙합 공신력이 제법 있는 편이었다. 하지만 나의 랩 스타일은 너무 의도적이고 칙칙하고 지역색이 강한데다 '오'를 길게 발음한 '또는(or)' 같은 단어가 너무 많이 나와서 진짜 뉴욕 스타일이라고 봐주기 어려웠다. 가령 나는 이런 식의 랩을 하곤 했다. "지금 내게 마이크는 필요 없어 / 그저 느릿한 비트만 있으면 돼 / 나를 잘못 건드렸다간 씨발새끼 너는 / 흑역사로 길이 남을 만큼 제대로 두들겨맞을 거야 / 이리 와서 키에한테 까불어봐, 자존심을 깨부숴줄 테니." 내가 쓰던 네 가지 랩 스타일 중에서 나는 이게 가장 마음에 들었다. 나머지 세 개는 그것대로 나름 멋있기는 했어도 앞에 말한 랩 스타일과 너무 비슷하게 들렸다. 비보이 화장실에서 나의 랩은 청중을 휘어잡았지만, 그 영향력은 미시시피 중부에 있던 그 소변기 둘 사이에서 시작해서 거기서 끝났다. 그에 반해 B. 대즐은 비유적으로나 문자 그대로나 아예 다른 상태로 청중을 데려갔고, 그라는 인물 자체가 그의 랩 못지않게 선망의 대상이자 수수께끼가 되었다.

B. 대즐과 그의 형 카미카제가 포킵시나 로체스터, 올버니, 시러큐스가 아니라 사우스 브롱크스에 있는 친척 집에서 여름을 보낸다는 이야기가 있었는데, 나는 그 말을 믿었다. 그 이야기가 있었기에 나는 B. 대즐이 '랩' 대신 '힙합'이라는 용어를 쓰고 '랩 서클' 대신 '사이퍼'를 쓰라며 우리에게 잔소리했을 때 그 말을 무조건 따랐다. "힙합이 더 시적이고, 더 뉴욕스럽다고, 깜둥아"라고 그는 말했다. 또한 '힙합'은 보편적이고 진정성 있으며 함께 모여 지식과 브레이크댄스, 디제잉, 그라피티를 선보이고 자기를 드러내고 증명하는 형제들로 가득하다면, 칙칙한 흑인 느낌에 가까운 '랩 음악'은 예술성이 떨어지고 컨트리 음악처럼 촌스러우며 지역색이 심하다고도 했다.

헨리 제임스는 어디에서 태어났는지가 운명을 결정한다고 굳이 우리에게 알려줄 필요가 없었다. 우리도 이미 알고 있었으니까, 제길. 우리 일곱 명은 멋진 래퍼가 되고 싶다는 꿈까지 비슷했다. 물론 우리가 처한 지리적 환경 때문에 그렇게 될 수 없으리란 건 알았지만. 게다가 우리의 엄마들과 할아버지, 할머니들에게는 다른 계획이 있었고, 그들은 기어이 우리가 여러 가지 꿈을 가져서 매니저, 화폐 위조자, 컴퓨터 엔지니어, 갱단원, 하사관, 포주, 대학교수 같은 따분한 꿈을 실현하는 사람이 되게끔 만들었다.

 어떤 면에서 아무리 아닌 척 용을 썼어도, 어쨌든 우리는 〈요! MTV 랩〉이나 〈랩 시티〉 같은 TV 프로그램, 혹은 힙합 축제 프레시 페스트(Fresh Fest)가 콜리시엄에서 열렸을 때나 래퍼 KRS-원이 잭슨주립대에 왔을 때를 제외하면 진정한 뉴욕 힙합에 대한 경험은 거의 없거나 전무한 시골 흑인 남자아이들이었다. 그리고 미시시피 기준으로 볼 때 우리 일곱 명은 잭슨시 출신이라서 그렇게 시골스럽지도 않았다. 잭슨이나 다른 블랙 벨트 지역(미시시피, 앨라배마, 조지아, 루이지애나 등 미국 동부 연안과 플로리다를 제외한 남부 지역-옮긴이)에 살던 우리 같은 사람들은 더는 래퍼계의 삼위일체 빅 대디 케인(Big Daddy Kane), KRS, 라킴(Rakim)의 충실한 사도가 아니었다. 우리는 이 신들을 존경했지만, 뉴욕시에서 나오는 랩을 엿듣기만 하는 것은 그만두었다. 다양한 스타일을 가진 웨스트코스트 음악이 우리가 사는 곳에서 우리와 닿았고, 사실을 말하자면 그것은 우리가 보고 들을 수 있는 음악이었다. 우리는 웨스트코스트와 블랙 벨트가 가족이며, 1940년대 제2차 흑인 대이동으로 수천에 이르는 남부의 흑인 가족들이 자동차와 방위 산업 일자리를 찾아 로스앤젤레스로 옮겨갔을 때부터 줄곧 그랬다는 사실도 받아들였다.

 문화적으로 더디고 무의미하며 뉴욕에 비해 힙(합)하지 않다고 무시받던 남부가 앨버트 머리가 글로 썼듯이 아직 우리 남부 세계를 의미 있는 스타일로 구축하지 못했던 것은 사실이다. 그러나 외부인들이 게토 보이즈, UGK, 에이트 볼, MJG가 주도했던 퀴퀴한 날것의 음악 동향에 진정으로 귀기울였다면 **지역적 뿌리**를 담아내는 데 주력한 진짜배기 남부 청년들의 소리를 들을 수 있었을 것이다. 우리는 힙합의 뻔뻔스러운 자기 자랑과 고백, 비판을 이용해서 복잡하고 혼돈스러운 우리 지역의 삶을 지역의 시점에서 당당하게 정리하고자 했다. 그 음악이 **진정한** 힙합처럼 들리느냐 마느냐는 거의 개의치 않고서 말이다.

우리는 우리 자신이 어떤 식으로든 흙에 익숙한, 블루스 공동체라는 사실을 서서히 깨달아가고 있었다. 우리 지역에는 위쪽으로나 바깥쪽으로 시야를 가리는 고층 빌딩과 공공주택 단지가 없었다. 발 아래에서 사방이 둘러막힌 채 미끄러지듯 달리는 지하철을 타고 떼 지어 이동하는 것이 어떤 기분인지도 전혀 몰랐다.

그리고 우리는 그대로가 좋았다.

우리의 흙내 나는 현실을 힙합 가사로 수용하는 과정에서 우리는 스카페이스와 JT 머니, 아이스 큐브, 번 B, MC 렌, D.O.C.를 만났다. 그리고 얼마 뒤에는 그들이 우리의 사촌이고 삼촌이고 친한 친구, 즉 우리임을 깨달았다. 우리는 잭슨과 메리디언, 리틀록, 뉴올리언스, 버밍엄을 차로 달릴 때와 똑같이 컴프턴과 오클랜드, 포트아서, 휴스턴을 달렸다. 묵직한 베이스 음이 쿵쾅대고 방향제가 크리스마스트리 장식처럼 반짝이는 기다란 자동차를 타고 차창을 내린 채 달렸다.

우리는 생존하는 가장 위대한 프로듀서가 컴프턴 출신의 삼촌이고 힙합 역사상 가장 기대받는 래퍼가 롱비치 출신의 삐쩍 마른 형제라는 사실에 자부심을 느꼈다. 뉴욕에서 누가 뭐라고 하건, 개별 곡들로 보나 앨범 전체로 보나 세상에서 제일 끝내주는 래퍼는 본명이 오셰이인 사우스센트럴 로스앤젤레스 출신의 나이든 사촌이라고 우리는 확신했다.

하지만 B. 대즐은 여전히 랩 가사나 복장, 감수성, 그리고 '사이퍼' 같은 발언을 통해 뉴욕 힙합에 탐닉했다. 1990년대 초반에는 뉴욕 힙합 그 자체가 뉴욕 힙합이 자기를 사랑해줄지 의심하는 남부의 흑인 소년보다 우세했다. 시카고 래퍼 커먼 센스는 1994년에 그녀를 충실히 사랑한다는 내용의 랩(힙합을 여성에 비유해 노래한 커먼의 대표곡 'I Used to Love H.E.R'를 말한다. — 옮긴이)을 선보였다. 그녀는 뉴욕의 정수를 벗어나 영혼을 잃어버린 순수한 힙합의 한 형태version(숫처녀virgin)였다. 우리는 이 곡에 공감할 수 있기도, 공감할 수 없기도 했다. 우리가 곧 죽어도 되고 싶다고 인정할 수 없는 것이 여자 혹은 게이 남자이기는 했지만, 그래도 우리의 연애 상대는 남자(거칠고 남성적인 특성이 강한 힙합, 즉 아이스 큐브와 닥터 드레로 대표되는 서부 갱스터 랩 장르를 가리키는 것으로 보인다 — 옮긴이)였다. 물론 변화를 거치고 있기는 했지만 그는 안타깝게도 여전히 뉴욕 힙합이었다. 우리 동네에서 그를 섬기는 성 사도는 벌어진 앞니와 튼 입술에 래핑 재주가 있는 B. 대즐이라는 형제였다. 왕왕 울리는 비보이 화장실의 음향과 비보이의 상상력이 대즐의 성지였으며, 이때만 해도 다른 래퍼를 싫어하는 디스 문화가 생기기 전이라서 나는 싫은 내색을 할 수 없었다. 내가 할 수 있는 거라고는 내게 사랑을 되돌려주는 종류의 힙합을 사랑하기 시작했다는 사실을 털어놓지 않고, 무리에서 인정받기 위해 죽도록 노력하는 것뿐이었다.

  그땐 그랬다.

  테이프를 되감아서(혹은 빨리감기 해서) 내가 1998년 초 오벌린대학 화장실에 서 있던 장면으로 돌아가보자. 리치 산티아고와 D. 제이크스가 도서관 A층에서 새로 창간할 힙합 잡지의 제목을 찾고 있던 중에, 리치가 나를 쳐다보며 이 말을 던졌다. "어이, 키에, '더 사이퍼(Tha Cypher)' 어때?" 나는 그 말에 "좋아. 딱이네"라며 맞장구쳤다. 하지만 내가 왜 '더 사이퍼'가 딱이라고 생각했는지에서부터 이 이야기는 조금 창피한 방향으로 접어든다. 그 당시 '사이퍼'라는 말을 들었을 때 나는 둥그렇게 딱 붙어 선 흑인 형제들이 비트박스에 맞춰 번갈아 자기를 과시하고 비판과 고백을 쏟아내는 광경을 생각한 것이 아니었다. '사이퍼'라는 단어에 떠오른 건 오로지 B. 대즐과 나의 그릇된 집착이었다. 그 말은 산업적이고 세련되며 남성적이고 뉴욕의 느낌을 풍졌다. 그러니까 잡지가 말을 할 수 있다면 벌어진 앞니 사이로 이렇게 말할 것만 같았다. "내가 힙합이야, 임마. 알아들어? 그렇고말고!"

그리고 나는 리치와 친구들이 바로 그런 것들을 잡지에 담고 싶어한다고 생각했다. 하지만 솔직히 몇 시간 지나고 나서 깨달았다. 1992년이나 1998년의 사이퍼가 어떤 것인지 완벽히 이해하기에는 내가 지나치게 시골스럽고 너저분하고 흑인 남자애스러웠을지도— 어쩌면 돼지 곱창 냄새를 너무 많이 풍겼거나 '하려는 참'(finna. 'fixing to'의 준말로 미국 남부 흑인 공동체에서 주로 쓰는 표현-옮긴이)이라는 말을 너무 자주 썼거나 멀구슬나무로 만든 회초리로 궁둥짝을 너무 많이 맞았거나 운전석에 솔방울이 흩뿌려진 픽업트럭에 너무 아무렇지 않게 탔거나 하는 식으로— 모른다는 것을 말이다. 단어에 들쭉날쭉하게 매달려 있는 함의를 생각하며 그 화장실에서 '사이퍼'를 여러 번 되뇌다보니 그 말이 가짜 같고 억지스럽고 인위적으로 정제된 것처럼 들렸다. 우리가 드나들던 미시시피 중부의 비보이 공간도 그저 또 하나의 사이퍼였나? 그 단어를 자꾸 내뱉을수록 점점 더 'It's All About the Benjamins'에서 퍼프 대디가 부른 가사나 마이클 잭슨의 턱, 바닐라 아이스의 페이드컷 머리 스타일, 하이프 윌리엄스의 영화 〈벨리Belly〉, 돈 코넬리어스가 하차한 뒤의 〈소울 트레인Soul Train〉 같은 느낌이 들었다. 부자연스러운 스타일과 미심쩍은 실체를 가진, 누군가가 아니라 무언가 같은 느낌이 들었다. 어떻게 해서든 자신의 너저분함을 인정하지 않으려 하는 무엇, 미시시피 흑인 소년과 미학적으로 정반대인 데서 즐거움을 찾은 무엇의 느낌이었다.

많은 남부 흑인 남자아이들이 그렇듯이 대학 시절 나는 '바로 그거야(Word)'나 '뭔 말인지 알지?(Nam sayin'?)', '야, 임마(Yo, son)'처럼 인위적이고 융통성 있는 표현을 필요한 경우에 능숙하게 쓸 수 있었다. 그러나 힙합의 언어적 기표를 빼앗긴 나는 일종의 벌거벗은 상태가 되었다. 1992년의 그 미시시피 비보이 화장실에서 벗어나려 했던 것, 즉 뉴욕 비보이의 정반대 모습이 되었다. 나는 찾을 수 있는 곳이라면 어디서든 수용과 저항할 대상을 동시에 찾는, 세련되지 못하고 눈이 빨갛고 너저분한 미시시피의 흑인 남자아이였다. 1992년에 그 대상은 B. 대즐이었고, 1998년 오벌린에서는 〈더 사이퍼〉였다. 두 경우 모두, 내가 진정 수용하고 저항하고 사랑하고 싶었던 '그것'은 뉴욕 힙합이었다. 그러나 뉴욕 힙합을 사랑하고 뉴욕 힙합에 저항하려면 힙합과 뉴욕이 남부의 흑인인 내 정체성과는 거의 무관하게 그 자체로 중요한 것이라고 믿어야 했다.

바로 이 부분에서 문제가 복잡해지는데, 1998년 무렵이면 남부가 스스로의 너저분함을 완전히 수용했기 때문이다. 구디 몹(Goodie Mob)이 자신들의 명곡 'Soul Food'에서 "니네가 더티 사우스(Dirty South, 남부 힙합)에 관해 뭘 알아?"라는 질문을 던졌을 때, 뉴욕 힙합의 솔직한 대답은 이랬어야 했다. "야, 쥐뿔도 몰라. 그리고 우린 그 촌동네에 관해 알아볼 생각도 없어."

1998년은 뉴올리언스의 칼리오페 프로젝트 단지가 힙합을 만난 해였다. 마스터 P(Master P)와 노 리미트(No Limit) 레코드사가 내놓는 음반마다 골드와 플래티넘을 기록했다. 온 나라 사람들이 자기가 '진짜(Bout It)'라고 주장했다. 가장 원초적인 형태의 언더그라운드 남부 힙합의 정수였던 UGK는 부와 성공을 과시하는(Big Pimp) 법을 제이 지와 온 나라에 보여주려 했다. 아웃캐스트는 몇 년 앞서 남부의 플레이어다운 캐딜락(Southern playeristic Cadillac)을 타고 애틀랜타에서 우주로 갔다가 〈ATLiens〉를 들고 돌아왔었고, 이제 다시 〈Aquemini〉로 사운드의 화학적 결합을 재정의할 참이었다. 크렁크(Crunk, 1990년대 말부터 2000년대 초반 전 세계 클럽을 뒤흔든 힙합의 하위 장르-옮긴이)와도 크리스 크로스(Kriss Kross)의 매끈한 바운스와도 거리가 멀었던 구디 몹은 평론가들의 극찬이 쏟아진 〈Soul Food〉에 이은 후속작 〈Still Standing〉을 발표하며 자신들의 건재를 천명했다.

도서관 안에서는 D. 제이크스와 리치가 뉴욕 힙합의 사이퍼를 흉내낸 잡지를 만드느라 바빴지만, 오하이오주 오벌린은 물론 클리블랜드, 디트로이트, 세인트루이스 같은 인근 도시 사람들은 힙합의 새로운 정의를 제시하는 남부 흑인 래퍼들의 음악을 들으며 빠져들고 있었다. 이 다른 도시 사람들은 딥 사우스보다 서쪽 지역 아티스트들은 10년 전에 배웠고 본 석스 앤 하모니(Bone Thugs-N-Harmony) 같은 중서부 지역 아티스트들은 4년 전에 배운 것을 남부 아티스트들이 배우는 모습을 지켜봤다. 이 남부 아티스트들은 아무리 뉴욕 힙합을 모방하고 파고들어봤자 그렇게 모방하고 파고든 것을 자신의 지역 문화, 자신의 자리에 적용하지 않으면 아무 소용 없다는 것을 이해했다. 이러한 이해야말로 N.W.A와 본 석스 앤 하모니, 그리고 최종적으로는 아웃캐스트가 성공할 수 있었던 핵심 요인이었다. 이때가 남부에 있어 중대한 순간이기는 했으나, 남부 힙합이 1998년에 맞이한 정점을 넘어서리라고 생각한 사람이 과연 있었을까? 어떻게 그런 일이 가능하다고?

그땐 그랬다.

테이프를 되감거나 빨리감기 해서 2013년으로 가보자. 나는 지금 뉴욕시에서 북쪽으로 65마일 떨어진 곳에 위치한 배서대학의 화장실에 서 있다. 아직 출간은 되지 않았지만 지난 5년간 나는 블루스와 힙합에서 영감을 받은 두 권의 책을 팔았고, 힙합에 중점을 둔 네 가지 강의를 맡아 가르쳤다. 그중 한 강의의 제목은 '숀 카터: 어느 자서전 작가의 자서전'(숀 카터는 래퍼 제이 지의 본명이다 – 옮긴이)이었다. 내 강의를 듣는 학생들의 상당

수는 뉴욕에서 자란 힙합 팬이다. 5년 전쯤에 학생들이 '아이 러브 힙합'이라고 적힌, 랜스 암스트롱 스타일의 흰색 손목밴드를 하나둘 차기 시작하는 모습이 눈에 들어왔다. 재미있게도 그들의 힙합 사랑은 남부 힙합이나 미시시피를 어떻게 해야 할지 몰랐다. 그들은 남부나 남부 힙합을 사랑하지 않았지만, 그렇다고 대부분의 남부 아티스트들이 남부에서의 경험을 뉴욕 힙합의 '진정한 팬들'이 소화할 수 있고 미학적으로 수용할 수 있는 형태의 스타일로 만들어내지 못했느냐에 대해서는 확신하지 못했다.

남부가 수백만 장의 음반을 더 팔아치우고 다른 어느 지역보다도 방송 횟수가 훨씬 많아지기 시작한데다 뉴욕 힙합의 새로운 흐름을 타고 사실상 사운드가 남부 힙합에 가까운 젊은 아티스트들이 여럿 배출되었다는 사실에도 어떻게 대처해야 할지 확신하지 못하기는 마찬가지였다. 그래서 내 학생들 중 상당수는 소위 순수주의자들의 노선을 따라서 남부 힙합을 무지하고, 단순 반복적이고, 팝스럽고, 알맹이가 없고, 창피한 수준이라며 무시해버렸다. 문화적 맥락은 제외하고 음악만 무비판적으로 소비하는 교외 지역 백인들의 태도나, 수많은 래퍼가 복도에서 어슬렁대는 흑인 여성 관객과 힙합에 겉만 번드르한 장식을 갖다 붙이는 상업주의에 영합하는 것뿐만 아니라, 쓰리 식스 마피아(Three 6 Mafia)가 오스카를 수상하고, 트리나가 엉덩이를 보여주고, 마이크 존스가 앨범 플래티넘을 달성하고, 릴 존은 랩을 할 줄 모르고, 트리니다드 제임스가 트리니다드 제임스이기 때문에 이 음악이 죽어가고 있다는 것이 내 학생들 대다수의 판단이었고, 나도 그렇게 생각하기를 원했다.

솔직히 20년 전 미시시피 중부의 그 비보이 화장실에 있을 때는 지금과 같은 상황을 전혀 예상하지 못했지만, 그때도 뉴욕 힙합을 사랑하는 것만으로 충분하지 않다는 사실만은 자각하고 있었다. 그곳 미시시피 중부의 세상에서 나는 관심과 호기심으로 가득하던 복도의 흑인 여학생들과 백인들의 파괴적이고 적대적인 시선으로부터 동떨어진 채 빅 대디 케인, KRS, 라킴, 엘엘 쿨 제이(LL Cool J) 같은 래퍼들을 통해 뉴욕과 뉴욕 힙합을 사랑했다. 하지만 그 안전한 공간에서 힙합을 열망하고 B. 대즐로 대변되는 대상을 사랑하면서도 남부 사람으로서 나의 정체성이나 남부의 흑인 여자들, 우리를 만들어낸 문화는 온전히 사랑할 수 없었다.

이 에세이가 아무리 미천하고 모자라도 남부의 우리 흑인 소년 소녀들이 갚기도 힘들 만큼 큰 빚을 뉴욕에 졌다는 사실은 반박할 수 없다. 말 그대로 뉴욕 힙합은 사이퍼에서나 종이 위에서 우리 자신을 뽐내고 비판하고 고백하면서 고유한 존재감을 형성할 수 있는 수단을 제공해주었다. 그리고 무엇보다 우리는 그 눈부신 광채를 사랑하지 않을 수 없었다. 그 때문에라도 나는 뉴욕의 사이퍼와 미학, 사운드를 언제까지나 존중할 것이다.

내가 '사이퍼'라는 단어를 입에 담거나 글로 쓰는 것에 왜 그리도 오랫동안 겁을 먹었는지 그 이유를 이해하는 데 20년이 걸렸다. '사이퍼'라는 말은 몇 년 전 릴 웨인과 제이 일렉트로니카(Jay Electronica), 제이 콜(J. Cole)이 그랬듯이 뉴욕으로부터 예술성을 인정받기를 갈망하던 남부의 흑인 소년을 떠오르게 했다. 사실을 털어놓자면 한때 나는 소위 뉴욕식 감수성에 스타일을 맞추지 않으면 내 작품이 결코 중요한 의미를 갖지 못할 거라며 불안해했고, 빅 크릿과 찰리 브랙스턴, 커샌드라 윌슨, 리처드 라이트, 마거릿 워커 알렉산더의 예술세계 덕분에 그 불안에 대처할 수 있게 되었다.

이제 나는 힙합을 있게 한 선조 격인 흑인 소년들과 보이지 않는 인간들, 미국의 아들들(랠프 엘리슨의 『보이지 않는 인간 *Invisible Man*』과 리처드 라이트의 『미국의 아들 *Native Son*』을 가리키는 표현—옮긴이), 블루스 공동체를 기꺼이 받아들인다. 그리고 이처럼 선조들을 받아들이듯이, 힙합이 때로는 미칠 듯이 멋지고 혁신적이고 감격스럽지만 아직까지 흑인 여성들을 진심으로 사랑하고 인정하고 그들과 의견을 다투는 데 있어서는 턱없이 부족하다는 점 또한 기꺼이 받아들인다. 힙합은 흑인 여성들의 감수성과 눈, 귀, 목소리는 복도에 머물게 내버려둔 채로, 여성들의 사이퍼에서 어떤 일이 벌어지고 있는지 질문하고 상상하는 대신 우리가 생각하는 그들의 성적 매력만 이용했다. 그뿐만 아니라 백인들의 시선을 정확히 무장 해제하고 비웃어주는 면에서도 턱없이 부족하다. 하물며 도시와 시골 사이의 간격이나 빈민층과 노동 빈곤층의 격차, 기득권 부유층과 신흥 부유층의 차이를 품위 있게 중재하는 근처에도 가지 못했다. 물론 현대 문학이나 전문가 의견, 텔레비전, 영화, 또는 비판적 시민 집단보다는 더 주목할 만한 방식으로 이러한 관계들을 확실히 이해하고 조명하는 데 근접했지만, 아마도 그 사이의 간극을 결코 완전히 메우지는 못할 것이다.

그러나 힙합이 이런 일들을 할 수 없거나 우리가 힙합을 통해 이런 일들을 해낼 수 없다면, 힙합에 대한 사랑을 선언하면서 우리는 무엇으로부터 벗어나려는 것일까? 바로 그것이 문제다. 지나치게 감상적으로 들릴 수도 있겠지만, 비보이 사이퍼 안팎에서 나를 비롯한 흑인 소년들은 어떤 음악과 그를 둘러싼 이른바 문화에 자아와 영혼이 실제로 하는 일을 하라고 요구해왔다. 정말로 남부 흑인들이 수십 년째 해온 일을 말이다.

우리 남부 흑인들은 삶과 사랑, 노동을 통해 미국의 음악과 이야기, 언어, 자본, 도덕성을 창출하고 설계하는 사람들이다. 그 일은 우리 것이다. 서아프리카에서 강제로 옮겨져 표현과 저항, 의사 표명의 수단으로 구전 문화를 일굴 수밖에 없었던 소년 소녀들을 없애버린다면, 우리에게는 다양하고 풍부한 관용 표현도 없을 것이다. 우리의 문학적 상상력에서 '검둥이 짐'을 지워 버리면, 갈등으로 빚어지는 장소의 이동과 도덕적 난제를 다룬 지극히 미국적인 이야기도 없었을 것이다. 남부 흑인 소년 소녀들의 대이동을 제거해버리면, 지금의 로스앤젤레스나 시카고, 디트로이트, 인디애나폴리스, 클리블랜드, 뉴욕도 없었을 것이다. 딥 사우스의 슬픈 노래와 가스펠, 블루스를 삭제해버리면, 우리에게는 로큰롤이나 리듬 앤드 블루스, 펑크, 힙합도 없었을 것이다.

나는 남부의 흑인 아티스트다. 우리의 전통이 나를 책임지고, 나는 그 전통을 책임진다.

십여 년 전 아폴로 극장에서 아웃캐스트가 힙합 매거진 〈더 소스The Source〉가 수여하는 신인상을 받았을 때 뉴욕의 관중은 야유를 퍼부었다. 안드레 3000은 "그 편협한 사람들"의 야유에 대해 "남부는 하고 싶은 말이 있고, 내가 할 말은 이것뿐입니다"라는 도전적인 발언으로 대응했다. 바로 이때까지만 해도 나는 안드레의 생각에 무조건 동의했고 그의 말이 맞기를 간절히 바랐다. 하지만 지금은 그의 말이 맞기도 틀리기도 했다는 것을 안다. 남부는 뉴욕에 할말이 있을 뿐 아니라 자신과 전 세계에도 할말이 있으며, 우리는 수 년, 수십 년, 수백 년 동안 그 말을 해왔다. 그사이 힙합이 뉴욕보다 훨씬 커진데다 뉴욕 사이퍼와 작가 모임에서 나오는 새로운 사운드와 예술이 모방성은 강해지고 정신적인 의미는 약화됨에 따라, 이제는 뉴욕과 나머지 지역들이 우리에게 귀기울이고, 주목하고, 그야말로 우리를 따라와야 한다. 여전히 그들이 우리의 출신지를 충분히 존중하거나 이해하지 못할지라도 말이다.

아주 좋다.

오늘날 뿌리깊은 남부 아티스트들이 하는 말이 세상에서 가장 의미 있는 작업인지는 확실치 않다. 다만 나의 세상에서는 가장 의미 있는 작업임에 분명하다. 이마니 페리, 사라 브룸, 모리스 러핀, 데릭 해리얼, 제스민 워드, C. 리 매키니스, 에디 글로드, 찰리 브랙스턴, 잰드리아 로빈슨, K.R.I.T., 제이미 해틀리, 앤지 토머스, 크루키드 레타즈, 안저뉴 엘리스, 너태샤 트레서웨이의 역사적이고도 동시대적인 사운드와 말과 행동이 없다면, 미국의 예술은 이 책의 마지막 페이지에 붙은 백지처럼 매끈하고, 관습적이고, 완고하고, 활기 없고, 시시할 것이며 다음 사이퍼의 한가운데 공간처럼 텅 비게 될 것이다.

쉬잇…… 들어봐. 어서 유심히 들어봐. 네가 듣기에는 그 소리가 침울한 것 같아?

더는 그런 것도 상관없어, 형제. 우린 우리의 소리를 들어. 우린 너희들의 소리도 들어. 바로 그거지. 그리고 언제든 내가 할 말은 이게 다였어야 했어.

10부
웃기는 우리 족속

스물네 살 때 나는 펜실베이니아주 에마우스에 사는 트럼프라는 서른두 살의 백인 남자 집 너머로 종이비행기를 날렸다. 트럼프는 기름기가 줄줄 흐르는 멀릿 스타일(앞과 옆, 정수리 쪽 머리는 짧고 뒷머리만 상대적으로 길게 연출한 헤어스타일로 '울프컷'이라고도 한다 — 옮긴이)의 갈색 머리를 흔들어댔고, 물 빠진 리(Lee) 청바지를 다림질한다고 자랑했으며 '당신네'(youse, 'you'의 복수형에 해당하는 비표준 변형 — 옮긴이)라는 말을 엄청 많이 썼다. 잇새에 낀 콘 브레드 조각이나 꼭 흥분한 여섯 살배기가 칠해놓은 것 같은 지저분한 콧수염에도 불구하고, 나는 트럼프를 볼 때마다 뭔가 귀여운 사람을 떠올렸다.

트럼프는 내가 살던 아파트 바로 위층에서 두 여자와 같이 살았다. 한 사람은 그의 여자친구였고, 눈이 보였다. 한 사람은 그의 아내였고, 눈이 보이지 않았다.

트럼프와 그의 두 파트너가 사는 아파트에는 남자아이 세 명도 같이 살았다. 개중 가장 어린 녀석은 트럼프의 여자친구가 낳은 아이였다. 이 꼬마 바이킹은 걸핏하면 꼬질꼬질한 손으로 금발머리를 쓸어넘겼고, 성난 개처럼 으르렁거리지 않을 때면 함박웃음을 짓고 다녔다. 나머지 두 아이는 밖으로 놀러 나가기 전에 녹은 초콜릿이 든 욕조에서 발가벗고 구르기라도 한 것 같은 모양새였다.

나는 그 당시 여자친구였던 니콜이 로데일프레스라는 출판사에서 인턴으로 일하는 동안 펜실베이니아에서 학위 논문을 쓰고 있었다. 평생의 거의 대부분을 미시시피에서 무일푼과 별반 다르지 않은 흑인들 가까이에서 살았지만, 펜실베이니아 에마우스에서 보낸 그해 여름은 그야말로 찢어지게 가난한 백인들과 가장 가깝게 지낸 때였다.

매달 집세와 식료품비, 공과금을 내고 나면 니콜과 내 수중에 남는 돈은 140달러 정도였다.

그 140달러에 나는 제법 부르주아가 된 기분을 느꼈다.

전화번호부 배달부나 톤 오 펀(Ton-o-Fun)의 웨이터, 그레이스 하우스(Grace House)의 간호 보조, 컷코(Cutco)의 칼 판매원, 뷰이 하우스(Buie House)의 미등록 짐꾼, 업워드 바운드(Upward Bound) 프로그램의 상담사, 인디애나대학교의 여름

계절학기 강사로 일하지 않고 보낸 건 그해 여름이 처음이었다. 당시 나는 연구 장학금을 받고 있었는데, 그 말인즉슨 읽고 쓰는 시간을 허비하지 않는 대가로 소액의 수표를 받기만 하면 되는 일을 난생처음 하게 된 것이다.

하루 중 글을 읽고 쓰지 않을 때면 종이비행기를 만들고, 여덟 살짜리 이웃사촌 셰이와 셰이의 여섯 살배기 남동생 배리, 그리고 트럼프의 아이들과 밖에서 이야기를 나눴다. 거의 여름 내내 트럼프의 아이들은 커다란 유리 미닫이문을 통해 텅 빈 우리집을 들여다봤다. 처음에는 문에서 한 발짝 떨어져 서서 유리에 비친 자기 모습과 비어 있는 우리집 거실을 쳐다보기만 하더니, 일주일쯤 지나자 세 명 모두 문에 얼굴을 부비고 때 묻은 손으로 유리를 마구 만져대기 시작했다.

셰이와 배리는 할머니가 말하는 소위 가정교육을 잘 받은 아이들이었다. 그들은 멀찍이 떨어져서 트럼프네 아이들이 우리집을 구경하는 모습을 구경하면서 서로에게 귓속말을 했다.

우리집에는 의자 하나와 책상 하나, 공기 주입식 침대, 단어 자석이 잔뜩 붙은 냉장고, 작동이 되다 말다 하는 맥 컴퓨터가 있었다. 트럼프의 집이 튀긴 고기와 묽은 그레이비소스, 끈적거리는 과일펀치, 좀처럼 세탁하지 않는 낡은 카펫 같은 냄새를 풍겼다면, 우리집은 새로 칠한 페인트와 발 냄새가 났다. ⟨Miseducation⟩과 ⟨ATLiens⟩, ⟨Aquemini⟩, 조니 미첼과 커티스 메이필드의 베스트 앨범들은 트럼프네의 레드 제플린, 짜리몽땅한 인간들의 고함과 웃음 소리, 빌어먹을 카툰 네트워크(Cartoon Network) 방송이 뒤섞인 소리로부터 우리 귀를 보호하는 역할을 했다.

7월의 어느 주말에 우리 옆 건물에서 누가 총에 맞는 일이 있었다. 경찰이 떠나자마자 트럼프와 나는 돌아가는 상황을 살피러 그쪽으로 가보았다.

같이 걸어가는 길에 트럼프가 내 이름을 어떻게 부르면 되냐고 물었다. 자기네 아이들은 나를 '키스(Keith)'라고 부르고 니콜은 '키(Key)'나 '키에스'라고 부르는 걸 들었다고 했다.

내가 키스로 부르면 된다고 말한 뒤 그는 내게 10달러를 빌려줄 수 있겠냐고 물었다. 나는 집으로 돌아가면 빌려주겠다고 답했다.

트럼프와 나는 계속 걸으면서 그의 별난 가족 구성과 돈 이야기를 얼마간 더 나누었다. 그러다 트럼프는 내 고향에서 총에 맞은 사람이 많은지를 물었다.

그 순간 나는 걸음을 멈추고 트럼프의 눈을 똑바로 쳐다보면서 그가 정말로 답을 기대하고 질문을 던졌는지 기색을 살폈다.

그는 나와 시선을 마주치려 하지 않았다.

나는 트럼프에게 미시시피가 그립다거나 친구 한 명이 미시시피 중부의 숲속으로 젊은 여자를 데려가서 그녀의 머리를 날려

버리고 나서 지금은 감옥에서 종신형을 살고 있다는 사실을 어떻게 받아들이고 있다거나 하는 말은 일절 하지 않았다. 트럼프의 질문은 깡그리 무시한 채 펜실베이니아의 놀이공원과 이탈리아식 셔벗에 관해서나 그가 언제 일자리를 구할 계획인지 물었다.

트럼프는 내 질문에 모두 대답하고 나서 내 얼굴 가까이 바짝 다가왔다. 눈을 피하지 않고 나를 똑바로 쳐다보면서 그가 말했다. "키스, 당신네는 여기로 이사와야 돼. 정말이야. 당신네는 달라. 그쪽 부류 같지 않잖아."

이 말을 거듭하는 그는 내게 **선물**을 줬다는 확신에 차 있었다. 그것은 그때껏 내가 만나본 여러 백인이 더없이 이상한 순간에 흑인들에게 건네주기 좋아하던 바로 그 선물, 다른 깜둥이들과는 확실히 다르다는 선물이었다. 트럼프는 마치 자기가 '깜둥이'라는 말을 하지 않은 것에 칭찬 한 번을, 이 깜둥이와 저 깜둥이를 구별한 것에 칭찬 두 번을, 미국 흑인은 애초에 깜둥이가 아니었다는 깨달음에 더 가까워졌다는 것에 칭찬 세 번을 바라는 듯했다.

살해 현장에서 돌아오는 길에 트럼프는 나보다 앞서 걸었다. 나는 우리 건물로 이어지는 경사로에 이르기 직전에 그의 앙상한 어깨를 움켜쥐었다. 그러고는 그의 기름기 흐르는 머리와 집에 있는 두 명의 파트너와 그의 오목가슴과 그의 새하얀 아이들과 깜둥이에 대한 그의 믿음이 그를 그의 부류와 차별화해줬냐고 물었다.

"나는 인종차별주의자가 아니야, 키스." 그는 거듭 말했다.

"친절하시네요." 내가 말했다.

트럼프는 몸을 움직거려 내 손아귀를 벗어난 뒤 경사로를 걸어갔다. 나는 우리집 유리문 밖에서 그를 따라잡고서 이렇게 말해주었다. 문제는 그가 믿는 깜둥이들이 그의 부류에 관해 그보다도 훨씬 잘 알고 있으며, 그가 믿는 깜둥이들은 백인들 입에서 나오는 번드르르한 헛소리에 절대 놀라지 말라고 배웠다는 점이라고. 그런 다음에는 대학원생 모드로 전환해서 인지 부조화와 허위, 백인들의 자체 사면에 관해서나 그가 자신을 모르는 이상 내가 나의 부류와 다른지 아는 것이 불가능할 수도 있다는 말을 지겨울 만큼 실컷 퍼부어댔다.

트럼프는 나와 내가 쏟아낸 거창한 말들로부터 등을 돌렸다.

그러고는 가족이 있는 위층으로 올라가서 쾅 소리가 나게 문을 닫았다. 나는 텅 빈 우리집으로 들어갔다. 입맛이 뚝 떨어지게 트럼프의 입을 때려주지 못한 것이 다소 실망스러웠고, 그에게 하고 싶은 말이 훨씬 많았는데 못했다는 것이 대단히 부끄러웠다.

미국 백인이 가진 자격이 어떤 의미가 있다면, 그것은 미국 백인들이 아무리 생색을 내거나 뻔뻔스럽거나 고의적이거나 본의

가 아니거나 가난하거나 부유하거나 시골스럽거나 도시적이거나 무지하거나 파괴적이라 해도 미국 흑인들은 어쨌든 그들을 위해 일하고, 그들을 위해 쓰고, 그들의 말에 귀기울이고, 그들과 이야기를 나누고, 그들로부터 달아나고, 그들을 모방하고, 그들을 가르치고, 그들을 피하고, 궁극적으로는 그나마 이 정도로만 맛이 간 데 대해 고마워하도록 장려받는다는 것이다.

이것이 내가 펜실베이니아 에마우스에서 배운 것 중 하나다.

트림프는 그해 남은 여름 동안 나를 피해 다녔지만, 그의 아이들은 여전히 아침마다 꼬질꼬질한 손으로 우리집 유리 미닫이문을 두드려댔다. 트림프가 내가 내 부류와 다르다고 말하고 나서 며칠 뒤, 그의 막내 아이가 우리집으로 들어와서 냉장고에 붙은 단어 자석을 가지고 놀기 시작했다. 나는 '너의' '더러운' '얼굴' '그리고' '손' '가끔' '씻어' '소년'이라는 단어들을 한 줄로 죽 늘어놓은 다음 아이에게 그 문장을 읽어보라고 했다.

트림프의 아들은 단어들을 쳐다보다가 이리저리 옮기더니 씩 웃었다. 그러고는 마치 살짝 감동한 듯이 꼬질꼬질한 손으로 손뼉을 짝 친 다음 자랑스럽게 말했다. "아니. 난 읽을 줄도 몰라, 키스. 아니. 못해. 난 읽을 줄도 몰라!" 꼬질꼬질하고 웃긴 꼬마는 흔히 백인 아이가 "우와! 내가 보물을 찾았어. 맞아! 진짜로 내가 보물을 찾았어"라고 말할 때 보일 법한 태도로 그 말을 했다.

나는 아이의 면전에 대고 1분 30초는 족히 지날 만큼 한참을 웃었다.

심하고 끔찍하고 사악하고 슬픈 웃음이었다.

아이 역시 마주 웃었다. 내가 자기와 함께 웃는 거라고 생각하면서.

좋든 싫든—아니, 좋은 건 없었다—그해 여름 트림프와 그의 가족에게서 보거나 듣거나 냄새 맡거나 만지거나 느낀 어떤 것도 전혀 놀랍지 않았다.

나 자신에 관해서는 같은 말을 못하겠다.

내가 글을 모르는 꼬마를 비웃고 나서 한 달쯤 지날 무렵, 니콜의 친구 두 명이 우리집에 왔다. 니콜의 친구들에 관해서는 기억나는 것이 별로 없다. 둘 중 한 명이 내가 본 성인 중에 가장 통통하고 짜리몽땅했으며 말투에서 웨스트버지니아 시골 지역 출신인 티를 내지 않으려고 너무 애를 썼다는 것 말고는. 그 여자는 몇 초마다 '터무니없다'와 '정말'이라는 말을 전혀 터무니없거나 정말 같지 않은 상황에 잘도 던져댔다.

니콜이 앙증맞은 초록색 지오 메트로를 몰았다. 나는 운전대를 잡을 수 없었는데, 그 차가 스틱 차량이기 때문이기도 했고 내 운전 면허가 정지되었기 때문이기도 했다. 우리 네 사람은 그 작은 지오에 우르르 탄 후 릴리스 페어(1997년에 생겨난 여성 뮤지션들의 음악 페스티벌—옮긴이) 콘서트가 열리는 허시로 향했다.

그 콘서트는 프레시 페스트가 아니었던데다 파촐리와 마리화나 냄새가 감도는 축축한 공기나 공연장에 나 같은 부류가 거의 없는 것도 마음에 들지 않았지만, 마지막에 가서는 웃으면서 많이 즐길 수 있었다.

콘서트가 끝난 다음 우리는 주유소에 들렀다가 허시를 떠나 다시 에마우스로 향했다. 주간 고속도로에 들어서고 몇 분 지나서 나는 니콜에게 헤드라이트를 켜라고 일러주었다.

바로 몇 초 뒤, 사이렌소리가 들렸다.

젊은 백인 경찰이 니콜 쪽으로 다가와서는 조수석에 앉은 내 쪽으로 손전등을 비췄다. 나는 그에게 글러브 박스를 열고 니콜의 등록증을 꺼내도 되겠느냐고 물었다. 경찰은 두 손을 잘 보이는 상태로 두라고 대꾸했다.

나는 그를 향해 웃음을 터뜨리며 니콜에게 말했다. "봤지?"

곧이어 좀더 나이든 백인 경찰이 우리 뒤에서 나오더니 내가 있는 조수석 쪽으로 다가왔다. 두 경찰은 지오 앞으로 이동해서 잠시 얘기를 나눈 다음 나에게 차에서 내리라고 말했다.

"왜 그러시죠?" 이번엔 헛웃음을 지으며 내가 물었다.

"당신이 차창 밖으로 크랙 코카인을 버리는 걸 봤습니다."

나는 쯧, 하고 혀를 찬 뒤 경찰에게 말했다. "저는 술이나 고기조차 안 먹어요." 뭐라고, **저는 술이나 고기조차 안 먹어요?**

근처의 벌판을 가리키면서 나는 다시 한번 차창 밖으로 크랙을 버린 적이 없으며 원한다면 다같이 가서 찾아보자고 두 경찰에게 말했다.

내가 두 팔을 들어올리자, 둘 중에서 더 덩치 큰 경찰이 자기 총에 손을 갓다대면서 나에게 두 손을 차에 올리라고 지시했다. 그 상태로 그는 나를 몸수색한 뒤 수갑을 채웠다. 그동안 니콜은 운전석에서 그 광경을 지켜보았고, 니콜의 터무니없고 통통한 친구는 뒷좌석에 조용히 앉아서 목소리조차 기억나지 않는 다른 여자와 얘기를 나누었다.

흑인이라는 사실이 타당한 사유겠지, 하고 혼잣말을 해본다.

나는 정차한 경찰차의 푸른 섬광등과 초록색 지오 메트로 앞에서 수갑을 차고 있다. 이전에 총이 겨눠진 적도 있었고, 한 번도 겁먹지 않았다.

하지만 이건 다르다.

총알에 맞는다는 생각보다도 수갑이 더 아프다. 얼굴을 잔뜩 찌푸린 두 경찰은 '나를 위해서' 나를 경찰차 뒷좌석에 태운다. 릴리스 페어에 갔다가 집으로 돌아가는, 대부분 술에 취한 백인들의 차 행렬이 우리 쪽을 쳐다보며 유유히 고속도로를 달려간다.

굴욕적이다.

나는 너무나 나의 부류처럼 보인다는 이유로 유죄다. 그 말은 곧 한 발짝만 까딱 잘못 움직여도 정당방위에 의한 살인을 당하거나 누가 가짜 증거 몇 개만 심어놔도 투옥될 수 있다는 뜻이다.

이것이 미국의 법이다. 허시에서도, 잭슨에서도, 인디애나에서도, 오하이오에서도, 미네소타에서도, 루이빌에서도.

이것이 미국의 삶이다.

그러나 또다른 종류의 미국법이 나와 지오를 함께 타고 가던 여자들에게 일어나고 있다.

두 명의 경찰은 나를 만질 때는 절대 하지 않을 방식으로 그 여자들을 만지고 있다. 내 몸을 볼 때와는 전혀 다르게 그들의 몸을 보고 있다. 그들에게 깔보는 투로 말하고 있다. 마치 나는 너를 따먹고 싶고, 너를 따먹게 해주지 않으면 네 신세를 조져놓겠다는 듯한 말투다. 여자들이 무슨 말을 할 때마다 경찰들은 크게 웃고 히죽거린다. 나는 니콜의 차를 수색하는 경찰을 지켜보고 있다. 그들은 트렁크에서 백팩 하나를 꺼낸다. 더 나이든 경찰이 백팩 안을 뒤지다가 릴리스 페어에서 무료로 나눠준 콘돔처럼 생긴 물건을 잡아챈다. 그는 여자들의 코앞에 백팩을 들이대면서 고개를 젓는다.

이것이 미국의 삶이다.

궁금해진다. 내가 문을 벌컥 걷어차며 경찰들에게 이렇게 물으면 무슨 일이 일어날까? "탱(Tang) 기억나요? 탱 가루 한 통을 당신들 목구멍에 들이부어도 될까요? 게워낸 탱으로 제복이

10부 웃기는 우리 족속

짙은 오렌지색 범벅이 될 때까지? 마치 피 같아 보이겠네요. 피 맛은 안 나겠지만."

그건 피맛이 나지 않을 것이다.

니콜은 이제 초록색 지오 메트로 뒤쪽에 서서 경찰 한 명과 얘기하고 있다. 문득 궁금해진다. 그녀는 내가 정말 조수석 창밖으로 크랙을 버렸을 수도 있다고 생각할까?

니콜이 자기가 정말 나를 잘 알았던 걸까 궁금해하고 있을지 궁금해진다.

나는 경찰차 뒷좌석에서 푸른빛이 깜박이는 벌판을 바라보고 있다. 그곳은 나의 부류가 보이지 않기도 하고 때로는 보이기도 하는 크랙 코카인을 꽤나 버린 곳이다. 나는 미시시피가 저 벌판 반대쪽에 있다고 확신한다.

미시시피로 달려가고 싶다.

하지만—사실을 말하자면—잠깐 동안은 내가 정말 차창 밖으로 크랙을 버린 것이 아닐까 궁금해한다. 많은 내 부류 사람의 손목에 채워졌던 수갑을 차고 경찰차 뒷좌석에 앉은 채, 혹시 내가 저들이 생각하는 사람도 아닌 무엇일 가능성이 있지는 않을까 궁금해한다.

경찰 중 한 명이 내가 타고 있는 경찰차의 뒷좌석 쪽으로 다가와 내게 내리라고 말한다.

"당신 가방에서 아무것도 못 찾을 거라더니." 그는 내 면전에 대고 콘돔 박스를 흔들며 말한다.

고요히 물기어린 눈으로 최대한 평정을 유지하려 애쓰며 나는 대꾸한다. "내가 버리는 걸 봤다는 크랙 코카인을 찾든가, 못 찾으면 날 풀어주셔야죠." 경찰은 내 대답에 대해 뭐라고 꿍얼대면서 수갑을 풀어준다.

미시시피로 달려가고 싶다.

"멈춰. 세울 수 있었을 사람이 많고 많은데, 하필이면 우리를 고른 겁니까?" 나는 두 손을 허벅지에 딱 붙이고 말한다. 백인들로 가득한 차들이 계속 우리 곁을 스쳐간다. 그들 모두 이쪽을 쳐다보고 있다. 대부분 나의 부류가 어떤 짓을 저지를 수 있는지 확신에 차서. 저 차들 중에 트럼프가 탄 차도 있을까 궁금하다. 그날 밤 내 부류 중 몇 명이나 도로변에서 수갑을 차고 있는 내 모습을 봤을지도 궁금하다.

"오늘밤 당신들은 안전합니다." 나이 많은 경찰이 말한다. "우리는 그저 우리 일을 하는 거예요."

"터무니없었어." 집으로 향하는 길에 뒷자리에 앉은 니콜의 친구는 계속 이렇게 말한다. "정말 터무니없었어."

다른 사람들은 모두 한 마디도 하지 않는다. 니콜은 제한 속도보다도 시속 8마일 더 느리게 차를 몰고 있다.

에마우스에 가까워질 즈음, 니콜의 친구는 콘서트가 시작하던 순간부터 경찰들이 내가 차창 밖으로 크랙 코카인을 버렸다고 말한 순간까지 일어난 일들을 복기하기 시작한다.

그녀는 신경질적으로 '정말'과 '터무니없다'는 말을 몇 차례 더 뱉는다. '두렵다'거나 '화난다', '걱정된다', '공범', '피곤하다', '부끄럽다' 같은 말은 전혀 하지 않는다.

이유를 모르겠다.

우리는 지오에서 내려 위층 트림프네 집 발코니에서 깜박거리는 TV의 푸른 불빛을 바라보았다. 트림프네 가족은 시끄러운 방청객 웃음소리가 들어간 뭔가를 보고 있었다. 우리집 유리 미닫이문은 새로 생긴 지저분한 얼룩으로 뒤덮여 있었다.

나는 우리 아파트의 작은 침실로 들어갔다. 거실에서 니콜의 친구가 앞서 있었던 일을 세번째 되씹고 있는 동안, 나는 침실 카펫에 두 발을 단단히 딛고서 벽을 뚫고 들어가려 애썼다.

니콜이 방문을 노크했다.

"괜찮아?" 그녀가 내게 물었다.

"괜찮아." 나는 대답했다. "정말이야. 너는 친구들이 가기 전에 같이 좀 놀아야지. 넌 괜찮아?"

니콜은 다 괜찮아질 거라고 말하고 싶은 눈으로 나를 바라봤다. 나는 우리가 성장통을 겪고 있는 나라의 부차적인 피해자라고 니콜이 말해주기를 원했다. 마음 한편으로는 둘이 껴안고서 우리가 실제보다 더 좋은 사람이라고 죽어라 서로 맞장구치기를 원했다. 니콜이 침묵 속에 나를 계속 응시하고 있을 때 위층에서 쿵쾅대는 소음과 고함소리가 들려왔다. 나는 니콜에게 재수 없는 놈처럼 굴어서 미안하지만 잠자리에 들기 전에 그냥 글을 좀 읽고 쓰고 싶다고 말했다.

나는 노트를 가져다놓고 속으로 다짐했다. 그때 쓰고 있던, 땅에 난 구멍을 통해 시간 여행을 하는 미시시피 아이들 네 명에 관한 소설의 한 챕터를 그날의 일을 연료 삼아 끝내겠다고. 소설 속 아이들은 시간 여행이 자신들의 주와 나라가 스스로와 다음 세대 아이들을 사랑하게 만드는 유일한 길이라고 생각한다. 나는 한 챕터의 내용을 마구 휘갈겨쓰다가 다음 두 문장에서 막히고 말았다. 한 등장인물이 1964년경의 어느 작업실에 톱밥으로 쓰여 있는 이 글을 발견하는 장면이다.

> 우리는 진정한 개성을 가진 진짜 흑인 캐릭터들이지, 미국의 인종차별주의적 쇼의 주역이 아니다. 흑인이라는 사실은 타당한 사유가 아니다.

> 우리는 진정한 개성을 가진 진짜 흑인 캐릭터들이지, 미국의 인종차별주의적 쇼의 주역이 아니다. 흑인이라는 사실은 타당한 사유가 아니다.

우리는 진정한 개성을 가진 진짜 흑인 캐릭터들이지, 미국의 인종차별주의적 쇼의 주역이 아니다. 흑인이라는 사실은 타당한 사유가 아니다.

우리는 진정한 개성을 가진 진짜 흑인 캐릭터……

그날의 일이 있은 후로 정말로 중요했던 건 이 투박한 두 문장까지 도달하는 일뿐이었다. 그 외에 트럼프의 의도나 경찰의 끔찍한 작태, 우리 모두가 느낀 수치심을 포함한 나머지는 좋은 것이든 나쁜 것이든 전부 트럼프의 집 너머로 날리던 종이비행기만큼이나 가벼웠다. 그리고 비록 조용히 이루어졌지만 그 두 문장까지 도달한 것이야말로, 미시시피 중부에서 그리 멀지 않은 곳의 눈에 보이지 않는 크랙 코카인으로부터 단 몇 분 거리에서, 또 당신들은 상상도 못할 만큼 간절하게 '당신네 부류'라는 말을 꼭 해야만 했던 에마우스 출신의 한 미국 백인 남자의 집 바로 아래층에서 나 같은 부류가 달성할 수 있는 최대의 수확으로 느껴졌다.

11부
미국에서 자신 그리고 다른 사람들을 서서히 죽이는 방법

나는 미시시피 중부 하늘 아래에서 네 사람의 총에 겨눠진 경험이 있다. 백인 사복 경찰의 손에 한 번, 쥐꼬리만한 근로학생 지원금에서 남은 돈을 뺏어가려던 어린 친구의 손에 한 번, 어머니의 손에 한 번, 그리고 나 자신의 손에 두 번. 내가 어떻게, 혹은 과연 많은 사람이 삶을 포용하도록 도왔는지는 잘 모르겠다. 하지만 몇 사람이 미국에서 서서히 죽어가도록 거든 것만은 확실하다. 그것도 총의 도움도 없이.

나는 열일곱 살이다. 2012년 시카고에서 비번 경찰이 쏜 총에 머리를 맞을 순간의 레키아 보이드보다 다섯 살 어린 나이다. 때는 고등학교를 졸업한 후에 맞이한 여름이고, 팀 동료 트로이가 미시시피 잭슨에 돌아와 있다. 플로리다에서 대학 농구 선수로 활약하는 트로이는 내게 55번 주간 고속도로변에 있는 맥도날드에 가겠냐고 묻는다.

트로이, 클리타, 레이턴과 함께 맥도날드를 나서는 길에 나는 초록색 존 디어(John Deere) 야구모자를 쓴 자그마하고 꾀죄죄한 백인 남자를 위해 문을 잡아준다.

"고마워요." 그가 말한다.

몇 분 뒤 우리 차가 55번 고속도로를 달리고 있을 때 존 디어가 차를 우리 가까이 붙이고 창을 내린다. 맥도날드에서 화기애애한 순간을 보냈으니 뭔가 재미난 말을 하려다보다. 내가 차창을 내리자마자 남자는 "깜둥이 애인들아!"라고 외치고는 쌩하니 달아난다.

55번 고속도로 위에서 우리 차는 존 디어 옆으로 다가가고, 나는 손가락 욕을 시전하며 존 디어에게 '후레자식' 유의 온갖 창의적인 욕을 퍼부어준다. 놈은 차 속도를 늦추며 우리 뒤로 간다. 나는 그가 차를 세우기를 기대하며 뒤돌아본다.

그런 일은 일어나지 않는다.

존 디어가 경찰용 사이렌을 꺼내 차 지붕에 붙인다. 트로이는 나에게 진탕 욕을 해대면서 엄마의 링컨 차를 미친듯이 몰아 존 디어에게서 벗어나려 애쓴다. 심장이 튀어나갈 듯이 쿵쾅거린다. 무서워서가 아니라 존 디어를 숨도 못 쉬게 혼내줄 기회를 잡고 싶어서다. 달리 저놈에게 우리가 느낀 기분을 맛보게 해줄 방법이 떠오르지 않는다.

트로이는 자기네 아파트 단지로 들어가서 엄마의 기다란 링컨을 차고처럼 생긴 곳 아래에 주차한다. 이 시점에서 차 안의 모두가 널브러진다. 우리가 주차하고 20초쯤 지났을까, 사이렌을 울리는 빨간색과 흰색, 파란색 불빛이 등장한다.

차 문이 세게 닫히는 소리에 이어 뒤쪽 차창을 두드리는 요란한 소리가 들린다. 존 디어는 한 손에는 총을, 다른 손에는 배지를 든 채 나더러 차에서 내리라고 말한다. 내 입술에서는 여전히 필레 오 피쉬(Filet-O-Fish) 기름 냄새가 난다.

"너 하나만이야." 존 디어가 내게 말한다. "오늘밤 감옥에 가는 건." 그는 내 가슴에 총을 겨누고 있다.

"씨팔." 나는 그에게 내뱉고는 혀를 쯧 찬다. "난 아무데도 안 가요."

내가 왜 이러는지 모르겠다.

앞자리의 클리타가 차창 사이로 남자를 설득하려 애쓰고 있을 때 별안간 〈보이즈 앤 후드Boyz n the Hood〉의 한 장면처럼 흑인 경찰이 우리 차로 다가와서 우리가 뭘 잘못했다고 비난한다. 몇 분 뒤 백인 경찰 한 명이 존 디어가 술을 너무 많이 마셨다고 말하면서 우리를 보내준다.

그로부터 16개월 뒤, 나는 열여덟 살이다. 2012년 잭슨의 폐가 뒤편에서 머리에 총을 맞을 때의 에드워드 에번스보다 세 살이 많다.

　은졸라와 나는 은졸라의 백인 친구 두 명과 함께 지하철에서 내려 밀샙스대학으로 되돌아가는 중이다. 시간은 밤이다. 우리가 노스 스테이트 스트리트에서 방향을 틀어 공동묘지 중간쯤까지 걸어갔을 때 흑인 남자들이 가득 탄 빨간색 도요타 코롤라가 우리 앞에 멈춰 선다. 남자들은 모두 파란 천 조각으로 코와 입을 가리고 있다. 그중의 한 명, 가슴이 새가슴 중에 새가슴이고 나보다 최소한 두 살은 어려 보이는 녀석이 반짝이는 은색 총을 꽉 쥔 채 차에서 내린다.

　녀석이 은졸라와 내 쪽으로 다가온다.

　"나," 나는 녀석에게 말한다. "나한테 해. 나." 나는 두 손을 들어올리며 녀석이 무슨 짓이든 해야겠으면 나한테 하도록 유도한다. 만약 나를 쏜다면 총알이 몸에 들어올 텐데, 음, 이왕이면 관통해서 빠져나가면 좋겠다. 하지만 만약 녀석이 스테이트 스트리트를 막 벗어난 여기 공동묘지와 내 여자친구 바로 앞에서 나를 총으로 두들겨 팰 생각이라면 나는 기필코 저 총을 뺏어서 녀석을 시나몬롤이 되도록 흠씬 패줄 것이다.

　녀석은 내 가슴에 총구를 갖다댄 채 계속 자기네 차를 봤다가 나를 봤다가 눈을 바쁘게 움직인다.

　나는 이상하게 평온하고 묘하게 결의가 샘솟는다. 도대체 왜 이러는지 모르겠다. 녀석은 돈을 찾아 내 몸을 뒤지고 있지만,

아직 근로학생 지원금을 못 받았고 마지막으로 남아 있던 쥐꼬리만한 돈도 좀전에 칠면조 샌드위치 두 개와 커다란 초콜릿칩 쿠키 두 개에 써버려서 돈은 한 푼도 없다.

이 어린 친구는 어찌해야 할지를 모르고 자꾸만 자기네 차를 돌아본다. 은졸라와 친구들이 소리를 지르자 녀석은 내 가슴에서 총을 거두고 얼빠진 자세로 재빨리 차 쪽으로 간다.

녀석이 뭐가 문제인지 모르겠지만, 몇 달 후 내게도 총이 생긴다.

알고 지내던 사람이 자기가 아는 사람과 나를 연결시켜주고, 나는 그를 통해 물건을 손에 넣는다. 총을 구한 이유는 근로학생 지원금을 털어가려고 하는 빨간색 코롤라를 탄 얼빠진 친구들에게서 스스로를 지키기 위해서만이 아니다. 나는 미시시피에서 흑인 작가가 되려고 노력중이고, 밀샙스대학 주변에는 내가 대학 신문에 기고하는 에세이들을 마음에 들어하지 않는 사람들도 있다고 생각한다.

몇 주 전에 밀샙스의 조지 하먼 총장은 내가 집단 수음을 소재로 쓴 풍자적인 에세이에 대한 대응으로 학보의 발행을 중지시키고, 백인이 압도적으로 많은 밀샙스의 1만 2천 명이 넘는 재학생과 친구, 동문 들에게 편지를 보냈다. 편지에 적힌 내용은 이러했다. "문제의 에세이를 쓴 사람은 키에스 레이먼으로, 끊임없이 인종 문제에 관해 사견을 표하는 논란 많은 작가입니다."

총장의 편지가 발송된 뒤 내 삶은 조금 힘들어진다.

내 에세이를 태운 재와 함께 굉장한 편지가 동봉된 우편물이 날아든다. 편지에는 글쓰기를 중단하고 '올바른 방향'에 몰두하지 않는다면 내 인생은 내가 쓴 글의 재처럼 되고 말 거라는 내용이 적혀 있다.

캠퍼스에 세워둔 엄마 차의 타이어에는 칼로 그은 흔적이 남아 있다. 학생처장이 내게 룸메이트가 있으면 너무 위험하다고 판단한 뒤에는 일인실에 배정된다. 나에게 셰익스피어 사랑을 설파하는 그레그 밀러 교수님의 교양 강의에서는 한 학생이 "키에스는 살해되고도 남을 글을 쓴다"는 말을 한다. 그레그는 밀샙스대학과 이곳의 학생 클럽 문화가 장려하는 점잖은 폭력성에 대해 내가 풍자적 비평을 할 수 있는 권리를 지지하는 에세이를 공들여 쓴다. 그레그의 지지에는 감사하지만, 내가 왜 이러는지 도무지 모르겠다.

밀샙스대학의 비드 데이다.

은졸라와 나는 노스파크 몰 뒤에 있는, 처키치즈(Chuck E. Cheese, 미국의 대형 패밀리 레스토랑 체인 브랜드—옮긴이)의 짝퉁 식당인 톤 오 펀에 아르바이트를 하러 간다. 우리는 왼쪽 가슴에 웃고 있는 희한한 동물 그림과 '톤 오 펀'이라는 글자가 새겨진 로열 블루 색 셔츠를 입고 있다. 내가 입은 셔츠는 톤 오 펀의 다른 남자 아르바이트생들의 셔츠에 비해 모양새가 좋지 않다.

내 셔츠는 꽉 끼지 않아야 할 곳이 꽉 끼고 색깔도 살짝 연하다. 악취를 풍기지 않으려고 세탁할 때 표백제를 조금씩 넣기 때문이다.

우리가 기숙사 주차장으로 걸어갈 무렵에 카파 알파와 카파 시그마 남학생 클럽이 기숙사 앞에서 신입 회원을 받고 있다. 그들은 밤새 술을 마신 뒤다. 몇몇은 얼굴에 검은 칠을 했고, 몇몇은 아프로 가발을 쓰고 남부연합 망토를 둘렀다.

우리가 은졸라의 새턴 가까이 다가가자 남학생들 중 한 명이 외친다. "키에스, 이걸 글로 써봐!" 곧이어 또다른 목소리가 나를 '깜둥이'로, 은졸라를 '깜둥이X'으로 부른다. 나는 은졸라가 느끼는 두려움의 내용에 관해서는 별달리 생각하거나 느끼지 않은 채, 여러 가지 생각과 감정에 휩싸인다. 하지만 무엇보다 나를 지배하는 감정은 저기 있는 남학생들에게 저들 때문에 내가 느끼는 감정을 되돌려줄 방법이 전혀 없다는 것이다. 그래서 나는 뭔가를 가지러 기숙사 방으로 되돌아간다.

기숙사 방으로 가는 길에 은졸라는 쓰레기 더미에서 유리병 하나를 집어든다. 나는 은졸라에게 방 밖에서 기다리라고 한 다음, 맨 아래 서랍을 열고 총 위에 뭉쳐져 있는 후드티를 바라본다. 총을 집어들고서 할머니를 생각한다. 내가 총을 들고 다시 저 밖으로 나간다면 할머니는 어떻게 느끼실까 생각한다. 그에 더해, 만약 할머니가 손에 총을 들고 저 방 밖으로 걸어 나간다면 그 총을 어떻게 쓰실까 하는 생각도 한다. 두말할 필요도 없지.

나는 할머니의 손자다.

총을 다시 옷뭉치 위로 던지고 서랍을 닫은 뒤 벽장에 들어가 나무 재질의 티볼 배트를 꺼내 든다.

카파 알파와 시그마 클럽 회원 몇몇은 다가가는 우리에게 계속해서 욕을 한다. 나는 발을 내디디며 배트를 거칠게 내던진 다음 네놈들을 조지는 데 배트 따위 필요없다고 내뱉는다. 내가 왜 이러는지 모르겠다. 두 손은 주먹을 꽉 쥐었고, 세상에서 원하는 단 하나는 주먹을 휘두르고 또 휘두르는 것뿐이다. 은졸라도 같은 기분인 것 같다. 그녀는 뒤섞인 사람들 한가운데에서 소리치고 울부짖으며 온 힘을 다해 싸우고 있다. 경비 담당과 한 학장이 이 난장판을 뜯어말리고 난 뒤 남학생 클럽 회원들은 다시 가입 서약을 받으러 가고 은졸라와 나는 더러워진 푸른색 셔츠 차림으로 톤 오 편으로 출근한다.

나는 악취를 풍긴다.

아르바이트중 첫번째 휴게 시간에 우리는 지역 방송국에 연락해서 토요일 아침에 밀샙스에서 어떤 일이 일어나고 있는지 다른 잭슨 사람들도 다 볼 수 있게 해야 한다는 결론을 내린다. 우리는 학교에서 촬영팀을 만난다. 남학생 몇몇이 기자와 카메라맨을 따라간다. 촬영팀이 아프로 가발을 썼거나 얼굴에 검은 칠을 했거나 남부연합 망토를 쓴 학생 몇 명을 카메라에 담는다. 그들은 "다른 실랑이" 장면도 딴다.

몇 주가 지나고, 밀샙스대학 총장 조지 하먼은 자기 대학을 담은 이 장면이 텔레비전과 신문으로 전국에 중계되는 상황이 영 탐탁지 않다. 대학측은 남학생 클럽 회원 두 명과 은졸라와 나를 "인종적으로 몰이해한 말"을 했다는 이유로 징계 처분할 것이며 관련된 남학생 클럽 두 곳은 한 학기 동안 모임에 주어진 특혜를 박탈하겠다는 결정을 내린다. 은졸라와 내가 그 남학생들이 우리와 같은 기분을 느끼게 만드는 데 사용할 수 있었을 인종적으로 몰이해한 말 같은 것이 있었다면 애초에 우리가 그들 쪽으로 다가갈 일도 없었을 것이다. 밀샙스는 전 국민을 향해 자기네 학교가 탈인종(차별주의) 기관임을, 졸업생들에게는 비드 데이의 온갖 소동이 "인종 갈등을 팔아먹는 노련한 장사꾼"의 소행임을 증명하려 애쓰고 있다. 〈클래리언 레저 Clarion Ledger〉의 독자투고란에도 나를 같은 표현으로 지칭하는 글이 실려 있다.

은졸라와는 계속 서로에게 상처를 주는데, 내가 글에서 읽은 흑인 페미니즘 이론을 실천하려 들지 않기 때문이다. 은졸라가 술 취한 백인 남자들과 집착에 사로잡힌 한 흑인 남자 무리 속에서 유일한 흑인 여성으로서 겪은 일을 받아들이려 애쓰는 과정에서 내가 명시적으로나 암묵적으로 보이는 반응은 "표적이 된 흑인 남자의 기분을 너는 몰라"이다.

  은졸라는 내가 쓸 수 있는 말이 몇 마디 더 있을 뿐 전형적인 흑인 남자일 뿐임을 자기가 할 수 있는 모든 방법으로 알게 해준다. 바로 이런 점 때문에 무식한 카파 알파 새끼들보다도 실은 내가 더 위험하단다. 은졸라가 이 말을 할 때 나는 웃음을 터뜨린다.

  내가 왜 이러는지 모르겠다.

  몇 달 뒤 엄마와 나는 조지 하먼 총장의 사무실에 앉아 있다. 이곳의 탁자는 마호가니와 빙수를 섞어놓은 듯한 길쭉한 직사각형 모양이다. 나를 제외하고 탁자 앞에 앉은 남자들은 모두 미소를 지으며 서류를 획획 넘겨보고 손에 든 펜을 빙그르르 돌리고 있다. 나는 아직 열아홉 살이다. 하디야 펜들턴이 시카고에서 살해당하게 될 때의 나이보다 네 살이 많다.

  하먼 총장과 그의 변호사들은 나와 눈을 맞추지 않는다. 그들이 엄마의 눈만 쳐다보는 동안, 하먼은 엄마에게 내가 도서관에서 『붉은 무공훈장 The Red Badge of Courage』을 정식 대출 절차 없이 가져갔다가 반납했기 때문에 밀샙스에서 최소 일 년간 정학 처분을 받게 되었다고 말한다.

  그는 거짓말을 하고 있지 않다. 히 에인트 라잉 He ain't lying.

  나는 은졸라의 남동생을 위해 그 책을 대출 절차를 거치지 않고 도서관에서 가지고 나왔고, 바로 다음날 반납했다. 그 과정에서 카메라를 똑바로 보기도 했다. 이 모두는 내가 가석방중이라는 사실을 알고도 한 행동이었지만, 아무리 미시시피라고 해도 미국 안에서 정식으로 대출을 받지 않고 도서관 책을 가지고 나갔다가 반납했다고 학생을 일 년간 내쫓는 대학이 있으리라고는 전혀 생각하지 못했다.

그럴 수 있다는 생각을 했어야 했는데.

조지 하먼은 엄마를 쳐다보면서 내게 말한다. 인종 몰이해에 대한 심리 치료를 이수해야만 일 년 뒤 밀샙스대학으로 복귀할 수 있다고. 내 글을 지역 심리학자에게 보냈더니 나에게 도움이 필요하다고 진단했단다. 다시 학생으로 복학하게 되더라도 남은 학부 기간 내내 공식적인 가석방 상태일 거라고도 한다. 다시 말해, 흠잡을 데 없이 완벽하지 않으면 밀샙스대학에서 제명된다는 뜻이다.

미국에서 열아홉 살 흑인 남자는 완벽할 수가 없다. 조지라는 이름의 예순 살 백인 남자도 마찬가지다.

엄마와 집으로 가기 전에 기숙사 내 방으로 가서 총을 찾아 백팩에 넣은 뒤 차에 올라탄다.

집으로 향하는 길에 엄마가 동물원에 잠시 들르더니 좀전에 조지 하먼 총장실에서 있었던 일을 거론한다. 엄마는 지켜보는 눈들이 있다는 걸 알면서도 왜 그 빌어먹을 책을 가져갔다가 반납했냐고 몇 번이고 울면서 묻는다. 마치 하나뿐인 흑인 아들의 애정 넘치는 흑인 어머니처럼, 애시당초 그 책을 대출해달라고 부탁한 은졸라를 탓하기 시작한다. 나는 달리 할말을 찾을 수 없어서, 그건 은졸라의 잘못이 아니며 내가 학생증을 놓고 왔는데 다시 가지러 가기 싫어서 그냥 가서는 아무 말도 안 했다고 말한다. 엄마는 할머니가 나한테 크게 실망하실 거라고 말한다.

'상심'이라는 단어를 쓰면서.

바로 거기서다.

나는 그때껏 한 번도 느껴본 적 없는 유독한 기운을 느낀다. 그저 몸속만이 아니라 핏속에서도 독기가 퍼져나간다. 할머니가 지미 삼촌을 향해 눈을 씰룩일 때의 불안하게 흔들리는 표정을 떠올리고는, 남은 평생 동안 그 씰룩이는 눈을 마주하는 상상을 한다. 거의 2년 만에 처음으로 나는 얼굴을 가리고 비뚤비뚤한 이를 악문 채 흐느껴 운다.

그리고 몇 주 동안이나 울음을 멈추지 않는다.

NAACP와 변호사들이 내 편에 서서 밀샙스를 상대로 소송을 진행한다. NAACP 사람들은 나나 신문사와 얘기할 때마다 흑인 남학생이 책을 좀 읽으려다가 대학에서 쫓겨난다는 것이 얼마나 아이러니한지 언급한다. 그 사람들이 애써주는 것은 고맙게 생각하지만, 나는 그들이 아이러니라고 생각하는 포인트에는 동의하지 않는다. 설령 내가 살면서 책을 전혀 읽지 않았다 할지라도 도서관 책을 가져갔다가 돌려놓은 일로 그런 식의 처벌을 받아서는 안 되었다. 학생들이 좋은 물건을 피워대고, 인사불성이 되도록 술을 퍼마시고, 합의하지 않은 상대에게 온갖 짓을 저지르고 다니는 현실에서는 더더욱.

이것이 인터뷰를 요청하는 신문과 방송국 기자들에게 매번 내가 해주는 말이다. 친구들에게는 2년 동안 럭키참스 시리얼이며 퍼니언스 양파링이며 빵덩어리며 백 개도 넘는 음료수며 카페테리아에서 훔쳐 먹은 게 얼만데, 어떻게 빌어먹을 『붉은 무공훈장』을 무단으로 가져갔다가 반납했다고 정학당할 수가 있느냐고 말한다.

1967년 잭슨주립대학교 근처에서 벌어진 학생 시위 도중에 경찰들이 쏜 총에 등을 맞은 스물한 살 트럭 기사에게서 이름을 따온 벤저민브라운상을 받은 날, 나는 가지고 있던 총에서 총알을 빼낸 뒤 로스 바넷 저수지에 던져버리고 할머니와 은졸라를 피한다.

내가 왜 이러는지 모르겠다.

봄학기에 나는 엄마가 정치학 교수로 있는 잭슨주립대학교에 입학한다. 내가 거의 집에 붙어 있지 않는데도 엄마와 나는 내가 컷코에서 일하는 문제나 엄마와 남자친구의 동거, 내가 면허 정지라서 또다른 일터인 에이즈 호스피스 센터까지 차를 끌고 가게 허락해주는 않는 것을 두고 날마다 말다툼을 한다.

우리가 싸우는 진짜 이유는 엄마가 나를 태어날 때부터 가석방 상태였음을 절대로 잊지 않게끔 키웠기 때문이다. 그건 곧 엉뚱한 동네에서 검정색 후드티를 입어서는 안 되고 밤에 조깅을 해서도 안 되며 공공장소에서는 항상 두 손을 잘 보이는 위치에 두어야 하고 백인 여성과 깊은 관계를 맺어서는 안 되며 절대 제한 속도 이상으로 차를 달리거나 정지 신호에서 속도만 줄이고 주행하는 짓을 해서는 안 되고 백인들이 있는 자리에서는 항상 표준어를 사용해야 하며 학교 안팎에서 절대 백인 학생들에게 뒤지지 않아야 하고 특히 **최악의 백인들**은 이유를 불문하고 어떻게든 나를 해코지할 거라는 사실을 명심해야 한다는 뜻이다.

미시시피 중부에서 태어날 때부터 가석방 상태인 흑인 남자아이에게 엄마가 처방한 해독제는 자유를 추구하는 것이 아니라 항상 꾸준히 탁월함을 보이라는 것이다. 엄마는 내가 당신이 틀렸음을 깨닫는 걸 눈치챌 때면 기분 나빠한다. 인생에는 해독제가 없어요, 라고 나는 엄마에게 말한다. 백인들이 내 인생의 교통순경이라는 사실을 진심으로 받아들인들 과연 얼마나 자유로워질 수 있을까? 엄마는 당신이 얘기하려는 건 자유가 아니라고 한다. 당신이 얘기하려는 건 생존이라고 한다.

어느 우울한 저녁에 엄마는 내게 오벌린대학에 제출할 나머지 입학지원서를 타이핑으로 작성하라고 말한다. 내가 이미 수기로 자기소개서를 다 써놓은 뒤였다. 나는 어차피 밀샙스에서 내 성적증명서에 학장 리포트를 같이 첨부해서 보낼 테니 입학

지원서를 타이핑하든 말든 달라질 게 없다고 대꾸한다. 그 밖에도 엄마에게 절대 해서는 안 될 솔직한 말을 몇 마디 내뱉는다. 그러자 엄마는 자기 방으로 들어가서 베개 밑에 있던 총을 들고 나온다.

총은 까마귀처럼 낡아빠지고 작고 무겁고 검은색이다. 예전에 엄마는 내 뒤에 숨고 엄마 친구 한 명은 바로 근처에 있는 상태에서 나도 몇 번 들어본 총이다.

엄마는 내게 총을 겨눈 채 자기 집에서 썩 꺼지라고 말한다. 나는 얼굴에 겨눠진 총구를 똑바로 쳐다보면서 밀샙스의 도서관 카메라에 했던 것과 똑같이 미소 짓는다. 내가 왜 이러는지 모르겠다.

"고작 대학 입학지원서 따위로 저한테 총을 들이대는 거예요?" 나는 엄마에게 묻는다.

"너는 돌이킬 수 없는 지경이 될 때까지 말을 듣질 않아. 이 집에서 나가서 다시는 돌아오지 마라."

나는 낄낄 웃고는 고개를 젓다가 숨죽여 욕을 내뱉으며 집을 나선다. 얕은 도랑가에 가 자리를 잡고 앉는다. 엄마의 인생은 나를 중심으로 돌아가지 않으며 나는 엄마의 삶을 더 기쁘거나 풍부하거나 행복하게 하는 데 하등 도움이 되지 않는다는 자각이 혼란스럽게 뒤엉킨다. 나는 엄마의 가뜩이나 끔찍한 삶에 얹힌 배은망덕한 짐이요, 비대한 부담이다. 도랑가에 앉은 나는 엄마의 삶에 다른 일들이 일어나고 있다는 사실도 알고 있지만, 잭슨주립대 2학년생 때 업고 다니던 아이에게 총을 들이대야 할 일이 생길 줄은 상상도 못했으리라는 것도 알고 있다. 나는 솔잎을 만지작거리며 헤드폰이 있었으면 좋았을걸 하고 생각한다. 하지만 무엇보다 저수지에 총을 버린 것을 후회하고 있다.

아침이 되어 엄마가 출근하자, 다시 엄마 집에 몰래 들어가서 베개를 들추고 엄마의 총을 챙긴다. 엄마와 나는 전화나 전기 요금을 내지 않은 터라, 아침인데도 집안은 어둡고 덥고 적막하다. 찬물을 채운 욕조에 기대 눕는다. 여전히 땀을 흘리면서 사랑 노래를 흥얼거린다.

이마에 총을 겨누고 공이치기를 당긴다.

나는 할머니를 생각하고, 사랑으로 너무나 충만해서 할머니를 바라보고 할머니의 눈길을 받는 것 외에는 그 무엇도 중요하지 않은 오래된 감정을 떠올린다. 가슴께로 총을 내린다. 너무나 슬프고 지금 느끼는 감정에서 벗어날 길을 도무지 모르겠지만, 기억에 기대어 도움을 구해본다. 더 빠르게. 더 느리게. 아무래도 나는 이미 스스로를 해치고 있는 것보다 더 많이 해치고 싶은 것 같다. 나는 전혀 영리한 사람이 못 되지만, 아무리 기분이 바닥인 상태라도 먹는 것으로 슬픔을 잊거나 섹스로 슬픔을 잊거나 거짓말로 슬픔을 잊거나 욕설로 슬픔을 잊거나 강도질로 슬픔을 잊거나 도박으로 슬픔을 잊거나 총을 쏴서 슬픔을 잊는 것 같은 손쉬운 처방은 절박한 사람들, 그중에서도 특히 가석방 상태인 이 나라의 흑인 남자들이 미국에서 우리 자신이나 가까운 타인들을 죽이는 좀더 더디고 더 쉽게 용인되는 방법에 지나지 않는다는 사실을 잘 알고 있다.

다음 몇 주간 엄마가 남자친구와 같이 다른 곳에 가 있어서 나는 집에 있는 시간이 많아진다. 엄마나 나나 여전히 전화 요금을 내지 않았기 때문에, 매일같이 공중전화로 달려가서 오벌린대학의 입학 사정관에게 전화를 건다. 사정관은 학교측이 나를 받아줄지 말지 여부는 알려주지 않지만, 오벌린이 나를 원한다면 밀샙스에서 있었던 일에도 불구하고가 아니라 그 일 때문일 거라는 말은 한다.

한 달이 지나도록 오벌린에서는 연락이 없다. 그사이 나는 지나치게 먹어대고, 나 못지않게 자포자기 상태이면서 이름이 은졸라가 아닌 멋진 여자와 유사 성행위를 한다. 거짓말 전문가처럼 거짓말을 하고, 오랜만에 사람들에게 더 시비를 건다. 글도 많이 쓰고 있지만, 고찰은 하지 않는다. 나 같은 사람들이 절대로 읽거나 공감하리라고 생각되지 않는 터무니없는 정세 분석과 단편소설과 빈껍데기 시에 잉크를 낭비하고 있다. 나는 모방꾼이지 작가가 아니고, 정말이지 글쓰기의 시간 낭비다.

삶에서 진짜로 즐거운 시간은 농구를 할 때와 절친인 O.G. 레이먼드 '건' 머프와 실없는 농담 따먹기를 할 때뿐이다. 건은

8년간 사귄 여자친구 브이와 미련이 한가득인 상태로 헤어진 뒤 자신 그리고 다른 사람들을 서서히 죽이는 짓을 안 하려고 노력 중이다. 어떤 날에는 건과 내가 이상하게 생긴 서로의 진실을 들려주고 들으면서 서로의 목숨을 구하기도 한다.

어느 어두운 날 밤, 건이 매든 NFL 게임에서 나를 신나게 압살하며 온갖 헛소리를 지껄이고 있을 때 캐피털 스트리트에 있는 건의 아파트 밖에서 도와달라고 하는 여자의 신음소리가 들린다. 아래층으로 내려간 우리는 검은 몸 곳곳에 벌어진 상처와 피와 멍이 가득한 벌거벗은 여자를 발견한다. 여자는 제대로 걷지도 못하고 입이 덜덜 떨려서 거의 말도 못하지만, 우리는 앰뷸런스를 부를 동안 같이 올라가 있겠냐고 물어본다. 건이나 나나 성폭행 관련 강의를 들은 적도 없고 〈The Diary〉와 〈Ready to Die〉(각각 래퍼 스카페이스와 노토리어스 B.I.G가 1994년에 발표한 힙합 명반)를 지나치게 많이 듣기는 하지만, 그래도 그 자리에서 여자에게 너무 가까이 다가가지 않으면서 그저 뭐든 필요하다면 도와주겠다는 의사만 전달해야 한다는 것 정도는 알고 있다.

여자는 폭행한 남자들이 다시 돌아올지도 모른다는 두려움에 천천히 아파트 안으로 들어선다. 여자의 양쪽 허벅지 뒤와 머리에서 피가 줄줄 흘러나오고 있다. 그녀는 세 남자에게 총이 한 자루 있었다고 말한다. 여자가 간신히 건의 아파트까지 올라오고 나서, 우리는 그녀에게 깔고 앉을 갈색 수건 한 장과 몸을 감쌀 거리를 건넨다. 양쪽 천에 피가 배어나오고, 여자는 상당히 겁 먹고 아파 보이지만 동시에 상당히 당혹스러워 보이기도 한다. 건은 "괜찮을 거예요" 따위의 말을 끊임없이 하고, 나는 그저 힘없이 앉아서 고개를 끄덕이고 그녀의 눈을 피하다가 물을 몇 잔 더 가져다준다. 건이 자기 방으로 가서 허리춤에서 총을 꺼내는 사이, 나는 여자를 쳐다보며 그 누구도 혼자서 다른 인간에게 이처럼 큰 해를 끼칠 수는 없었을 거라고 확신한다.

그것이 바로 나 자신에게 해야 할 말이다.

마침내 앰뷸런스와 경찰이 도착한다. 그들은 여자에게 많은 질문을 던지면서 계속 우리를 쳐다본다. 여자는 쉐보레 몬테 카를로 안에서 흑인 남자 세 명에게 구타와 강간을 당한 자신을 우리가 도와줬다고 말한다. 그리고 세 남자 중 한 명은 남자친구였다고 경찰에게 말한다. 남자친구의 이름은 경찰에게 말하려 하지 않는다. 건이 나를 쳐다보더니 시선을 떨군다. 아무 말 하지 않아도 우리는 그 차에 타고 있던 남자들에게 내재된 본성이 무엇이건 우리 안에도 분명 내재되어 있으리라는 것을 안다. 무엇이 그들로 하여금 떨고 있는 이 흑인 여자의 몸과 마음을 고의로 짓밟는 방법으로 자신을 서서히 죽이도록 부추기고 있건, 그것은 아마도 우리 삶에서 가장 강력하게 작용하리라는 것을 안다. 우리 안에 내재되어 우리로 하여금 자신을 죽이도록 서서히 부추겨온 것이 무엇이건, 그것이 소파에 앉아 떨고 있는 저 흑인 여자의 마음과 정신에도 들어 있을지도 궁금하다.

몇 주 뒤 나는 편지를 받는다. 오벌린대학에 합격했으며, 학교 측에서 상당한 금액의 재정 지원을 제공한다는 내용이다. 건이 오벌린까지 차로 태워주기로 하고, 나는 이 세상 최고의 행운아가 된 기분이다. 오벌린에 합격했기 때문이 아니라, 삶에는 "예"라고 말하고 서서히 저지르는 죽음에는 "아니요"나 하다못해 "속도를 늦추세요"라고 말하는 걸 잊지 않을 만큼 오래 살아남았기 때문이다.

내가 삶을 긍정했다는 것은 미시시피에서 별난 여성 전사들로 구성된 가족에 둘러싸여 가석방 상태의 흑인으로 자란다는 것의 묘미를 받아들인다는 의미였다. 또한 조지 하먼과 밀샙스 대학의 일부, 내가 사는 주의 일부, 내 나라의 대부분, 내 마음, 그리고 무엇보다 나 자신의 반성에 내가 흠씬 두들겨맞았다는 사실을 인정한다는 의미이기도 했다. 이 모두가 무슨 의미인지는 여전히 모르겠지만, 그게 사실이라는 것만은 안다.

이 글은 미국에서 흑인 남자로 산다는 것이 얼마나 힘든지에 관한 에세이라거나 '오호애재라' 식의 서사가 아니다. 미시시피 중부 하늘 아래에서 한 미국 흑인 청소년이 그려낸 미국에서의 느린 죽음과 삶의 등고선을 기억해보려는 어설픈 시도일 뿐이다. 지금 당장 내 안의 현자 모드를 발동시켜서 이 글 전체를 체에 걸러 최상의 지식과 완벽한 정서적 전환을 보여주는 깔끔한 사회정치적 발췌문으로 바꿔놓고 싶은 마음이 굴뚝 같지만, 거짓말은 하고 싶지 않다.

기억하는 행위는 우리에게 사실상 아무것도 바라지 않는 뻔한 전문가적 의견이나 엉터리 블로그나 겉만 번드르르한 예술에서 시작되지 않는다는 말을 하고 싶다. 기억하는 행위는 우리의 삶과 죽음, 우리 주위에 있는 사람들의 삶과 죽음을 둘러싼 복잡하고 억눌린 진실을 몇 번이고 애써 기억하고, 말하고, 수용하려는 우리 스스로의 의지에서 시작된다고 말하고 싶다.

그런 다음에는 내가 할머니와 수 이모가 생각하는 내 모습 그대로라고 말하고 싶다.

사실 난 그렇지 않다.

나는 걸어 다니는 후회 덩어리, 진실을 말하는 자, 거짓말쟁이, 생존자, 찌푸린 얼굴의 생략 부호, 목격자, 몽상가, 교사, 학생, 실패작, 익살꾼, 눈이 늘 빨간 작가이고, 이 나라가 낳은 아이다.

나는 이십대 후반에 접어들고 또 삼십대가 되는 동안 나 자신이나 이런 나임에도 불구하고 나를 사랑해준 다른 사람들을 죽이는 짓을 본의 아니게 계속했다는 것을 알고 있다. 나 못지않게 열병에 걸린 것처럼 삶과 죽음을 필요로 하던 사람들에 의해 서서히 죽어왔다는 것을 알고 있다. 정말로 혼란스러운 부분은 나를 느릿한 죽음에 더 가까워지게 조금씩 몰아간 사람들 중 몇몇은 내가 가장 필요로 하던 때에 삶을 긍정하도록 도와주기도 했다는 점이다. 나는 대개 그 도움을 받아들이지 않았다. 많은 경우에 우리는 번갈아가며 우리 자신을 서서히 죽이다가 어느 순간 다시 서로를 되살리려고 애썼다.

미시시피를 떠날 무렵 나는 스무 살이었다. 트레이번 마틴이 미국의 부적절한 동네에서 후드티를 입고 공격에 맞섰다는 이유로 살해당할 때보다 세 살 더 많은 나이다. 나는 절대 미국의 흑인 작가가 되지 않을 거라고 확신한다. 내가 간절히 바라는 유형의 미국 흑인 작가가 되면 자신이나 가까운 사람들이 다치게 되기 때문이다.

미시시피를 떠난 지 4개월쯤 되었을 때, 내 파트너였고, 건 그리고 나와 함께 밀샙스대학에 다녔던 스무 살의 샘 베리가 훌륭한 사회 복지사였던 팸 맥길을 숲으로 끌고 가서 총으로 머리를 쏜 혐의로 유죄 판결을 받게 된다. 샘은 맥길 씨를 납치하고 차에 태워 숲으로 데려간 뒤 무릎을 꿇리고 총을 쐈으며 그동안 아지키웨라는 열일곱 살 흑인 소년이 차에서 그를 기다리고 있었다고 자백한다. 급기야 샘은 아지키웨가 자기를 그렇게 하도록 부추겼다고 말하게 된다. 도대체 샘이 왜 그랬는지 모르겠다. 언론인들과 활동가들과 미시시피의 다른 사람들은 지금까지도 샘과 아지키웨, 팸 맥길과 관련된 그날의 진실을 궁금해한다.

하지만 솔직히 말하자면 그 일에 관해 무엇도 궁금하지 않다.

현재도 마찬가지다.

    궁금해진다. 이 나라의 아이들인 그 세 사람은 미시시피 중부의 검푸른 하늘 아래에서 자신들 중 일부가 살고, 울고, 죽기 전날에 미국에서 자신 그리고 다른 사람들을 서서히 죽이는 방법에 관해 무슨 생각을 떠올렸을까.

12부

최악의 백인들

트위터가 무슨 가짜 순록의 이름인 줄 알았던 시절, 데이비드 로지어는 미사 도중 방귀를 발명했다. 우리가 성가족 가톨릭 학교에서 황금잔 하나를 돌려 마시는 가톨릭 신도 여섯 명을 보며 경탄하기 몇 분 **전**이자 조 신부님이 우리에게 서로 "평화의 인사"를 건네라는 말을 꺼낸 **직후**의 일이었다. 데이비드가 내 어깨를 톡톡 치더니 오른팔을 등뒤로 돌려 자기 손에다 방귀를 뀌었다. 연단에 선 조 신부님이 못마땅하게 눈을 굴리는 동안 데이비드는 계속해서 복먼 선생님과 래피얼 선생님, 그리고 우리 줄에 있던 나머지 6학년, 7학년 아이들과 악수를 했다.

나란히 앉은 데이비드와 나는 같은 미시시피 흑인 소년 두 명치고 생김새가 아주 딴판이었다. 데이비드는 윗동네 시카고에 사는 사촌 저메인의 키를 줄여놓은 버전 같았다. 그의 팔뚝과

종아리는 마르고 다부진 포인트 가드의 그것 같았고, 머리는 살면서 본 중 가장 작았다. 눈빛은 생기 있고 호기심 넘치고 맑았으며 목소리는 생각보다 몇 옥타브 낮은 저음이었고, 코끼리 같은 귀는 수학여행 때 앤절라 윌리엄스가 잡아당기려 들 만큼 커다랬다. 데이비드는 7학년 중에 최고로 옷을 잘 입는다거나 하지는 않았지만, 학교에 올 때는—우리 친구 러선과 마찬가지로—갓 빨래한 듯한 섬유 유연제 향기에 달걀 프라이와 깡통 비스킷 냄새를 살짝 풍겼다. 그에 반해 나는 그 인간 비트박스보다 목소리가 살짝 덜 허스키했고, 퀴퀴한 땀내와 싸구려 주방 세제 냄새를 풍겼다.

데이비드가 우리에게 자기 식으로 평화의 인사를 건넸던 그날, 처음에는 데이비드가 드디어 가톨릭 전통을 존중한다고 생각했던 복면 선생님은 교실에서 나에게 버럭 화를 냈다. 내가 왜 웃었는지 말하려 들지 않자, 복면 선생님은 나를 데리고 복도로 나가서 교장실 쪽을 가리켰다.

"키에스, 내게 다른 선택의 여지를 주지 않는구나." 선생님이 말했다. "어서 가자!"

복면 선생님 옆에서 교장실을 향해 복도를 걸어가고 있을 때 뒤쪽에서 교실 문이 벌컥 열렸다.

"잠깐만요!" 데이비드 로지어였다. "키에스는 아무 짓도 안 했어요." 그는 복면 선생님에게 말했다. "걔가 웃은 건 저 때문이에요. 제 책임이라고요."

나는 데이비드를 쳐다보면서 익숙한 뭔가가 더 나오기를 기다렸다.

하지만 아무것도 나오지 않았다.

데이비드는 땅콩처럼 작은 머리통을 가슴에 처박은 채 그저 그 자리에 흔들거리며 서 있었다. 발가락으로는 바닥의 갈색 얼룩을 끊임없이 쫓아다니면서.

데이비드 로지어와 나는 4학년 때부터 날마다 주거니 받거니 일을 벌이며 미시시피 청소년 비행의 모든 규칙을 새로 쓰도록 서로를 부추겼다. 우리는 성가족 가톨릭 학교에서 불량 행동계의 런 디엠씨(Run-DMC, 현재까지 이어진 힙합의 기틀을 닦았다고 평가받는 80년대 뉴스쿨 힙합의 대표 그룹―옮긴이)였고, 러션은 우리의 잼 마스터 제이(런 디엠씨의 멤버―옮긴이)였다. 그런데 이 순간 나는 구경꾼이자 당황한 팬이 되어버렸다. 아무리 애를 써봐도 미국식 책임의 움직임과 언어와 활동을 이해할 수 없었다. 그것도 데이비드 로지어의 입에서 나왔으니 더더욱.

"미사에서 제가 키에스를 웃게 만들었어요." 데이비드는 복면 선생님에게 말했다.

"하지만 너는 웃지 않았잖니." 선생님이 대꾸했다.

"제가 손에다 방귀를 뀐 다음 그걸 퍼뜨렸어요." 데이비드가 히죽거리지도 않고 말하던 것이 기억난다. 나는 또다시 웃음을 터뜨렸다. "키에스는 제가 아니면 웃지 않았을 거예요. 그러니까 제 책임이라는 말이에요."

교장실 밖에 앉아서 교장실 비서가 우리 엄마들에게 전화하기를 기다리는 동안, 나는 복면 선생님이 자기 손의 냄새를 맡는 것을 봤다고 장난스럽게 말했다. 데이비드는 웃지 않았다. 일이분간 침묵을 깨려고 억지로 하품을 하고 나서 데이비드에게 물었다. 왜 내가 바보처럼 군 책임을 네가 지려 하냐고.

"나도 모르겠어." 그는 이렇게 말했다. "스탠리 감독님은 우리가 팀에 대해 더 책임감을 가져야 한다고 했고, 우리 할머니도 나더러 이제는 더 책임감 있게 행동해야 한다고 그러셨어. 처음에는 잊어버리고 있었어. 그러다 생각이 났고."

이해가 되지 않았다.

그날 데이비드와 나는 다 허물어져가는 흑인 가톨릭 학교에서 정학당했다. 그날 저녁 늦게 우리 흑인 동네에서는 우리 어머니들이 각자 자기 어머니들에게 연락했다. 우리 할머니들의 지도하에 우리 둘의 등과 팔꿈치, 무릎, 목, 허벅지는 엉망이 되었다. 그러고 나서 우리는 이 세상 최악의 매는 가톨릭 학교에서 방귀 놀이를 하다가 맞는 매라는 것을 알게 되었다. 그리고 그것이 우리를 흑인 갱단과 흑인 교도소, 흑인 치료소, 흑인 묘지에 가지 않게 지키려는 우리 어머니들의 방식이라고 생각했다. 그것이 자신들이 책임감이 있음을 우리 할머니들에게 증명해 보이는 어머니들의 방식이라는 것도 알았다.

적어도 내가 매를 맞을 동안, 매의 횟수는 엄마의 입에서 나오는 단어 수와 딱 맞아떨어졌다.

꽉 채운 단어가 최소한 스물다섯 개, 따가운 매가 최소한 스물다섯 개였다.

매질이 후반부에 들어서기 직전이었다. 보통은 마구잡이식으로 벨트를 휘두르던 엄마가 웬일로 할머니의 꼼꼼함을 발휘하더니 말 마디에 맞춰 열 번의 매를 내리쳤다. "네가…… 죽건…… 말건…… 백인들은…… 신경도…… 안…… 쓰는…… 걸…… 알지…… 않냐……."

'책임'이 무슨 뜻인지 제대로 이해하지 못한 비행 청소년이었어도, 엄마가 말한 "백인들"이 **최악의 백인들**을 의미한다는 것은 알아들었다. 이 점은 정말로 확신했는데, 텔레비전에 너무나 다양한 유형의 백인들이 나오기도 했고 그 당시 내가 직접적으로 알던 백인들—복면 선생님, 저코비 선생님, 래피얼 선생님, 로리 바쿠티스—은 복잡다단하면서 배려심 있는 성격에 내가 죽기를 바라지 않는 백인이었기 때문이다. **최악의 백인들**이 우리의 가족들이 어떤 생각과 행동을 하도록 슬슬 몰아가는지는 굳이 직접적으로 아는 백인이 없어도 바로 파악할 수 있다는 것이 진실이었다.

내가 이해하기로 **최악의 백인들**은 빳빳한 베갯잇 같은 복장을 하고 머리를 빡빡 민 광신도 집단 같은 백인들이 아니었다. **최악의 백인들**은 한심스럽고도 강력한 '그것'이었다. 그것은 자기들이 배를 타고 이 나라에 왔다는 사실은 편리하게도 잊어버리고서, 무언가나 누군가가 가진 것을 나누자는 말을 꺼내면 격한 반응을 보였다. **최악의 백인들**은 자기네들이 무에서부터 만들어냈다고 악착스럽게 믿는 '아메리칸 파이'의 부스러기를 얻자고 우리의 엄마들과 할머니들이 몸이 부서져라 일하기를 원했다. 그들은 사람을 미치게 만드는 동시에, 미친듯이 군다며 재빨리 우리를 벌했다. 흑인들의 압도적인 성과와 흑인들의 일상적인 고통을 끝도 없이 갈망했다. **최악의 백인들**은 흑인과 갈색 인종이 열망하는 최고의 성취 목표는 자기들을 모방하는 것이어야 한다고 진심으로 믿었다. **최악의 백인들**에 대한 책임은 전적으로 미국 백인들에게 있었다. 물론 그들은 절대 최악의 백인들이 자신들을 전적으로 규정하지 않도록 단속했지만.

 미시시피에 사는 7학년으로서 나는 아는 것이 별로 없었고 그나마 아는 것도 설명할 줄 아는 어휘력이 훨씬 떨어졌지만, 최악의 백인들이라면 너무나 잘 알았다. 데이비드 로지어와 나 둘 다 그랬다.

 그것은 피를 통해 전해진 지식이었다.

 시카고 도심에서 서쪽으로 10마일쯤 떨어진 일리노이주 메이 우드에 사는 내 사촌 저메인도 잭슨에 있는 우리 못지않게 **최악의 백인들**을 잘 알았다. 겨울이 더 춥고 모음을 더 짧게 발음하며 건물은 더 높고 마당은 훨씬 작기는 해도 어릴 때 놀러 갔던 시카고는 늘 미시시피에서 떨어져서 떠내려간 오렌지 조각처럼 느껴졌다. 다만 한 가지 중요한 예외는 있었다.

20세기 중반에는 미국 흑인 수백만 명이 앨라배마, 루이지애나, 미시시피를 떠나 시카고, 인디애나폴리스, 밀워키, 게리, 디트로이트로 갔지만, 1980년대 중반경에는 지역적으로 훨씬 덜 집중된 역이주가 한창 이루어졌다. 그렇게 시카고의 갱단 바이스 로즈(Vice Lords)와 포크스(Folks)가 잭슨과 멤피스로 흘러들었다.

7학년이 막 시작되었을 무렵 데이비드와 나는 소문을 들었다. 모자를 왼쪽이나 오른쪽으로 기울여 쓰거나 손가락을 이상하게 꼬거나 옷 색깔을 잘못 입으면 두드려맞을 이유가 된다는 얘기였다. 하지만 7학년이 끝나갈 때쯤에 그 소문은 잭슨에서 확실히 자리잡은 법이 되었다. 이 법은 데이비드와 러선과 헨리 윌리스와 내가 7학년 말에 어딘가로 이동하는 방식을 즉시 바꿔놓았지만, 불행히도 시카고에서는 저메인의 삶을 통째로 지배해버렸다.

내가 열네 살이 되던 해 여름에 아버지는 나를 데리고 고모와 저메인, 저메인의 형제자매들을 만나러 갔다. 그곳에서 오래 머

묻지는 않았지만, 나는 거기 있는 내내 저메인이 잭슨으로 돌아와 나랑 같이 지냈으면 하고 바랐다. 나한테는 그닥 장단을 맞춰주지 않는 마샤 미들턴 같은 여자애들도 내가 저메인 같은 사촌이 있을 정도로 쿨하다는 걸 알면 관심을 갖지 않을 수 없겠거니 생각했다.

저메인은 스탠리 감독님이 헨리 월리스가 되기를 기대했던 쿼터백처럼 행동했다. 어떤 남자아이나 여자아이가 나중에 커서 남자들과 여자들의 리더가 될 줄 알았다고 말하는 건 미친 소리지만, 저메인이 느긋하게 깜박이는 맑은 눈으로 끈기 있게 상대를 관찰하는 모습만 봐도 언젠가는 그가 추종자들을 거느리게 될 것임을 알 수 있었다. 우리 둘 다 주먹을 꽉 쥐고 땅 위를 걸었지만, 어쩐지 저메인의 주먹은 활짝 펼쳐져서 내가 살아남는 데 필요한 건 무엇이든 줄 가능성이 커 보였다.

내가 시카고의 사촌을 만나러 간 지 10년이 채 되지 않아 저메인의 여동생이 살해당했다. 몇 달 뒤 저메인은 우발적 살인죄로 감옥에 갇혔다.

일 년 남짓 전에 저메인의 보호관찰 기간이 끝났다. 마침내 그가 일리노이주를 떠날 수 있게 되었다는 뜻이다. 데릭 로즈가 자신의 황소(NBA 팀 '시카고 불스'를 가리킨다 — 옮긴이)를 르브론 '캥(KANG)' 제임스에게 무너지게 두지 않으리라 확신한다는 내용으로 문자 메시지를 몇 차례 주고받다가 저메인은 내게 이런 메시지를 보냈다. "그냥 내가 건전한 선택을 할 수 있는 곳에 가고 싶어. 도와줄 수 있겠어?" 나는 어떻게 해서든 저메인과 그의 딸들이 뉴욕으로 와서 다른 공기를 마실 수 있게 하겠다는 내용의 답장을 보냈다. 적어 보낸 말은 모조리 진심이기도 했다.

저메인은 언제쯤 뉴욕으로 갈 수 있겠냐고 한 번도 묻지 않았다. 그저 자기 팀 시카고 불스를 찬양하고 내가 응원하는 마이애미 히트 벤치진의 활약에 의문을 제기하는 문자 메시지를 간간이 보내기만 했다. "못 이기면 집에 가는 거야, 사촌"이 그가 즐겨 보내는 메시지였다. 자기네 팀의 전반이나 후반 활약이 아주 좋았거나 데릭 로즈가 물리 법칙을 거스를 때마다 이런 문자가 오고는 했다. 저메인과 나는 잭슨과 시카고 같은 곳에서 나고 자란 흑인 남자들이 천재적인 운동 능력을 활용하여 사람들의 예상을 지워버리고 있다는 사실에서 큰 즐거움을 얻었다.

이런 일이 있었던 게 일 년도 더 전이다.

저메인은 여전히 일리노이에서 이런저런 일을 전전하고, 나는 구불구불한 언덕과 깔끔하게 손질된 목초지, 배불뚝이 다람쥐, 오래된 난쟁이 요정 석상, 선셋 호수라는 데이트 명소가 특징적인 세상에서 매일 아침 잠에서 깨어난다. 아직까지 나는 저메인과 그의 가족에게 나랑 같이 살자고 부르기는커녕, 주말에 놀러 오라는 말조차 하지 않았다.

최악의 나는 **최악의 백인들**보다 영향력은 없지만, 도덕적인 측

면에서는 하등 나을 것이 없다. 최악의 나는 옳은 일을 하려는 의도에 대해 저메인의 인정을 바라면서도, 늘 우러러보던 사촌이 필요로 하는 일을 위해 내 삶에 지장을 주려는 의사는 전혀 없다. 다 큰 성인인 지금의 나는 성가족 가톨릭 학교의 복도에 있던 7학년 때에 비해 미국식 책임의 언어와 활동을 활용하거나 이해할 준비를 딱히 더 갖추지 못했다.

데이비드 로지어가 내게 미국식 책임의 언어와 활동을 간접적으로 보여주려 했던 그날로부터 몇 년 뒤에 그와 헨리 월리스는 죽고 없었다. 사실 그 당시 성가족 학교 7학년 학급의 남학생 중 절반이 서른다섯 살이 되기 전에 죽었다. 나는 러선네 집 뒤에서 게임을 뛰면서 데이비드와 헨리, 로이 베넷, 팀 브라운, 카림 힐, 저메인을 두고 몇 시간씩 몽상에 잠기고는 했다. 내 몽상 속에서 로이, 팀, 카림, 저메인, 러선과 나는 십대 소년이었다. 데이비드와 헨리는 그렇지 않았다.

2012년 여름에 우리 나라가 부끄럽게도 시카고의 살인률을 논하는 과정에서 복잡다단한 인간의 삶을 편리한 숫자로 축소하여 그 결과가 전국 곳곳에서 공유되고 '좋아요'를 받고 논의되고 무시되는 동안, 나는 우리 할머니 캐서린 콜먼과 대화하는 데 더 많은 시간을 썼다.

나는 모든 폭력의 근절을 촉구하기 위해 시카고에서 열리는 일명 '평화' 농구 토너먼트에 참가할지도 모르겠다고 할머니에게 말했다. 그러면서 저메인에게 같이 가자고 하면 어떨 것 같냐고 여쭤보았다.

할머니는 잠시 아무 말씀이 없다가 이윽고 내게 물었다. 살아 있거나 죽은 아이를 둔 시카고의 어머니들과 할머니들이 그 시합에 참석하는지를.

"모르겠어요." 내가 대답했다. "아마 오는 분들도 있겠죠."

"시합에 가는 사람들에게 그 엄마들과 할머니들을 오게 하면 도움이 될 거라고 알려주거라." 할머니가 말했다. "그리고 농구 하는 애들을 구경하러 온 사람들에게 그 엄마들과 할머니들이 하고 싶어하는 말을 귀담아들어야 한다고도 이르고."

너무나 이치에 맞는 말씀이었다.

우리 할머니는 일곱 살 때부터 밖에 나가 일을 했지만, 이 나라는 할머니가 삼십대에 들어서고도 한참이 지날 때까지 선거인 등록을 하지 못하게 막았다. 할머니에겐 미국식 인종격리 정책의 영향을 받으며 산 세월이 원칙적으로는 '자유'의 몸으로 산 세월보다 길었다. 이 나라는 할머니에게 일을 아무리 잘하더라도 작업 라인 노동자로 닭 공장에 들어가서 작업 라인 노동자로 은퇴할 거라고 말했다. 이 나라는 할머니가 받을 수 있는 정규 교육의 양을 제한했고, 할머니가 자기 딸들과 아들에게 백과사전 세트를 사줄 수 있을 만큼 돈을 벌자 등을 두드려 격려했다.

이 나라는 할머니가 흑인 자녀 넷과 손주 둘을 교사로 길러내는 내내 **최악의 백인들**과 파괴적인 성향의 이웃들에 맞서 자신과 자기 공동체를 책임감 있게 무장하는 것을 지켜보았다.

지난달 할머니는 당신의 형제인 러디를 묻었다. 그런 뒤 무릎을 꿇고서 당신의 아들, 자매들, 어머니, 할머니, 아버지, 그리고 절친한 친구 네 명 모두를 묻은 현실을 받아들였다. 할머니는 더는 자식이나 손주를 묻어야 하는 책임을 피하게 해달라고 신에게 빌었다. 몇 주 뒤, 이 나라의 리더가 되기를 열망하고 **최악의 백인들**로부터 다수의 표를 얻은 어느 무책임한 미국인은 할머니를 의료 서비스와 식료품, 주택을 받을 권리가 있다고 여기는 '피해자'로 명명했다(저자는 2012년 미국 대선 당시 공화당 후보 밋 롬니가 한 정치자금 파티에서 이른바 저소득층 47퍼센트에 관해 언급한 발언을 꼬집고 있다 — 옮긴이).

캐서린 콜먼은 우리 할머니 푸딩이나 데이비드 로지어네 할머니와 마찬가지로 결코 그저 피해자에 머물 수 없었다. 심지어 미국인이 될 수 있는 경우조차 드물다. 이들은 공개 토론회에 초대받지 못한다. 민주당전국위원회(DNC)나 공화당전국위원회(RNC)가 말을 거는 대상이 아니다. 아무도 이들에게 국가 폭력이나 부채, 국방을 어떻게 해야 할지 묻지 않는다. 이들은 미국의 슈퍼우먼은 아니지만, 최고로 훌륭한 미국인들이다. 이들은 예속과 성폭행, 인종 분리 정책, 가난, 심리적 폭력 앞에서도 줄

곧 책임감 있고 비판적이며 애정어린 자세를 지켰다. 이들은 삶과 정의에 전념했기에 이처럼 힘들고 지저분한 일을 했고, 그 덕분에 우리 모두가 내일은 좀더 책임감 있게 살 수 있을지도 모른다.

책임을 회피하고 우리 안의 최악의 모습을 고수하고 왜곡되게 순진한 생각을 품으면 그만큼의 대가를 치러야 한다. 미국의 무책임에 따른 부담을 너무나 오랫동안 불균형하게 많이 져온 미국인들을 무시하고 비하하며 그들에게 부당하게 부담을 지우면 그보다 더 큰 대가를 치러야 한다. 우리 할머니들과 증조할머니들은 공정한 몫보다 더 많은 대가를 치렀고, 이 나라는 그들과 그들의 자식과 그들 자식의 자식에게 평생에 걸친 건전한 선택과 두번째 기회를 빚지고 있다. 그것이 책임져야 할 일일 것이다.

• • •

우리가 정학 처분을 받은 다음날 학교로 돌아온 데이비드 로지어는 헨리가 '스트롱'을 '스크롱'으로, '스트레이트'를 '스크레이트'로 잘못 발음할 때마다 방귀를 뀌는 놀이를 하기 시작했다. 데이비드 때문에 죽는 줄 알았다! 나는 또다시 학교에서 쫓겨나는 일이 없도록 책상에 고개를 박고 얼굴을 가린 팔뚝에 대고 눈물이 날 만큼 웃어댔다.

쉬는 시간에 데이비드에게 물었다. "네가 말하던 그 책임 얘기는 어떻게 된 거야?"

"아," 데이비드는 서둘러 사선 방향으로 운동장을 달리며 말했다. "깜둥아, 그건 어제 얘기지!"

나는 데이비드에게 길게 롱패스를 했다. 날아간 공이 나선형이 되다 만 꼴로 대기를 가르는 동안 우리 중 누구도 내일이나 어제에 관해 생각하지 않았다. 그저 그 순간에 충실하며 행복했고, 살아 있어서 행복했을 뿐이다.

13부
우리는 절대 알 수 없겠죠

지미 삼촌께,

 미시시피에서 흑인 남자아이로 자라면서, 옳고 그름 사이에는 흔들리는 다리가 있다는 걸 배웠어요. 또한 저는 그른 쪽으로 조금만 기울어도 백인 남자아이들보다 더 엄한 벌을 받게 된다는 것도 알게 됐고요. 하지만 불행히도 저는 삼촌과 마찬가지로 그런 건 쥐뿔도 신경쓰지 않았죠. 스스로 했던 약속을 깬 것은 물론, 고등학교 때 수도 없이 학교에서 쫓겨났고 대학에서도 정학을 맞았으며 경찰과 얽혀서 엄마와 할머니 마음을 아프게 했어요. 그래도 저는 삐쩍 마른 사람의 모습으로 살아 숨쉬는 경고 신호 바로 곁에서 이 모든 일을 저질렀다는 점에서 삼촌과는 달랐어요.

 지미 삼촌, 그 경고 신호는 바로 삼촌이었어요.

7월 4일에 삼촌은 코카인 파이프를 내다 버리고 몸을 깨끗이 씻은 뒤 할머니에게 고기를 사다드렸어요. 핏물이 밴 종이봉투 위에 "이건 엄마 고기"라고 동글동글한 검은색 글씨로 적어놓았죠. 삼촌의 여동생, 그러니까 우리 엄마는 뉴욕주 포킵시에 있는 배서대학의 제 연구실로 전화할 때까지만 해도 7월 4일이 살아 있는 삼촌을 보는 마지막날이 되리라고는 생각조차 못했어요.

삼촌은 여동생들과 농담을 주고받다가 꼬맹이 트레를 데리고 폭죽을 더 사러 갔어요. 시큼한 두피 냄새와 마이클 조던 향수가 뒤섞인 익숙한 체취를 풍기던 삼촌은 아마 핏줄이 그물처럼 펼쳐진 커다란 눈을 평소보다도 더 자주 껌벅거렸고, 우리 가족에게 이런저런 질문을 하기도 했었죠.

엄마가 해준 이야기 대부분에서, 삼촌은 빛나는 주인공이 아니라 조숙하고 문자 그대로 가석방된 사람이었고, 우리 가족의 정서적 안정을 사실상 좌지우지한 존재였어요. 제게 7월 4일 이야기를 들려줄 때 엄마의 목소리는 지독히도 침착했어요. 삼촌이 크랙 코카인을 남용하거나 경찰과 얽히다가도 바로 뒤이어 주일 학교에서 수업을 맡거나 연금으로 35번 고속도로 근방에 있는 집을 사는 것 같은 점잖은 행동을 할 때마다 엄마는 이런 침착한 목소리로 말했더랬죠.

"너 때문에 언니가 미치려고 하잖니." 20년도 더 전에 제가 엄마를 신경 쇠약으로 몰아간 날 밤, 수 이모는 제게 이렇게 말했어요. "너는 지금 지미 오빠와 같은 길을 가고 있어."

그날 밤 저는 지미 삼촌의 길이라는 것이 거의 모든 여자 형제와 이모, 엄마, 할머니가 자기 가족의 흑인 남자아이가 가기를 염원하는 고상하고 질서정연한 동네 바로 곁으로 나 있다는 사실을 깨달았어요. 수 이모와 엄마는 제가 확실히 알아두기를 원했어요. 열심히 기도하고, 법을 준수하고, 마약을 멀리하고, 어떻게 해서든 미시시피에서 벗어나지 않는 한, 뭐가 됐든 삼촌을 집어삼켰던 무언가가 결국에는 저도 집어삼키고 말 거라는 것을요. 하지만 미시시피를 벗어나 오하이오로, 그다음엔 인디애나로, 그리고 이제 뉴욕까지 전속력으로 달려왔는데도, 밑을 내려다보면 삼촌이 남긴 발자국과 제 발자국을 크게 분간할 수 없네요.

이것이 7월 7일 전까지 제가 느낀 감정입니다.

삼촌이 고기가 든 봉투를 할머니 댁에 가져다놓은 지 사흘만인 7월 7일, 전화가 걸려 왔어요. 할머니가 삼촌을 찾고 계셨죠. 삼촌이 전화를 받지 않아서 차를 타고 삼촌 집까지 가신 겁니다. 그날 저녁 할머니는 방충망을 열고 삼촌 집 문을 마구 두드렸어요. 삼촌의 이름을 큰 소리로 부르고 또 불렀지만, 삼촌에게서는 아무런 대답이 없었습니다.

삼촌은 대답할 수가 없었습니다.

삼촌이 할머니께 선홍색 고기를 가져다드린 날로부터 8일이 지난 7월 12일, 삼촌의 여동생들은 맵 장례식장으로 들어갔습니다. 그리고 그곳에서 삼촌의 시신을, 할머니의 첫아이이자 그들의 하나뿐인 오빠의 시신을 사람들에게 보일 수 있게 준비시켰습니다. 우리 엄마는 장의사를 시켜 삼촌의 셔츠를 갈아입혔죠.

미시시피에서 그 누구보다 사람의 마음을 사로잡는 설교자인 삼촌의 여동생 수가 콩코드 침례 교회에서 삼촌의 추도 연설을 했습니다. 우리 모두 그 교회에서 세례를 받았죠. 수 이모의 추도사에 담긴 골자는 총 세 가지였습니다. 첫째, '깜둥이들'은 존재하지 않는다. 둘째, 완벽하게 깨끗하고 완전히 책임감 있는 흑인들은 존재하지 않는다. 셋째, 지미 알렉산더는 못되기도 훌륭하기도 한 사람이었으며, 우리가 인정하고 싶어한 것보다 훨씬 더 우리와 공통점이 많았다.

수 이모는 교회에 모인 사람들에게 확실하게 전했습니다. 삼촌은 나쁜 삶을 살았으되, 여기서 나쁘다는 건 착하거나 악하다는 의미가 아니라 사람으로 존재하는 데 서툴렀다는 의미라는 것을요. 이모는 전통적인 구약 성서의 표현 방식으로 정의에 관해 고찰한 다음, 세상을 떠나기 전 마지막 나날에 마침내 삶을 받아들이고 진정한 삶을 얻음으로써 죽음을 준비했던 사람의 모습을 삼촌에게서 되살려냈습니다. 수 이모는 교회에 모인 사람들에게 삼촌이 할머니 댁으로 고기를 가져왔던 이야기를 들려주었고, 삼촌이 금전을 체계적으로 관리해두었다고 말했습니다.

"지미는 이 교회에 있는 누구와도 크게 다르지 않았습니다. 더 낫지도 더 못하지도 않았죠. 그리고 바로 이 점을 우리는 인정해야 합니다. 지미는 죽음을 향해 달리고 있었지만, 우리 가족의 일원이었습니다. 우리 모두의 형제였습니다."

수 이모가 연단에 서서 우리의 나쁜 면을 받아들이는 문제에 관해 설교하는 동안, 문득 삼촌이 할머니의 자식 중에서 유일하게 교육자가 되지 않은 사람이었다는 사실을 깨달았어요. 삼촌이 가르치는 일을 직업으로 삼았더라도 육체적으로나 정신적으로 더 건강해졌으리라는 보장은 없죠. 우리가 이미 잘 알고 있듯이 직업은 결코 무분별한 섹스와 약물 남용, 비겁함, 기만, 자포자기의 방패막이가 될 수 없으니까요. 그래도 할머니는 만약 당신의 맏이가, 1940년대 후반에 태어난 눈이 커다란 흑인 남자가 죽기 전에 어디에선가 누군가에게 무언가를 가르쳤다고 알고 있었다면 삼촌의 장례식 날에 훨씬 더 마음의 평화를 얻을 수 있었을 거예요.

할머니의 막내딸이 교회에 모인 사람들에게 마음의 의지가 되는 말을 전하는 가운데, 우리의 선생님이자 우리가 아는 가장 강인하고 존재감 있는 사람인 삼촌의 어머니가 신도석 끝자리에서 쓰러졌습니다. 할머니가 숨이 넘어가도록 통곡하는 동안 삼촌의 핏기 없는 시신은 삼촌이 세례를 받았던 바로 그 자리에 누워 있었죠. 그래도 제가 할머니를 안아드렸어요, 지미 삼촌. 그 관에 누워 있는 사람이 저였다면 할머니는 삼촌이 당신을 안아주기를 바라셨을 테니까, 그렇게 할머니를 안아드렸습니다.

지미 삼촌, 저는 삼촌이 필요했어요. 삼촌의 장례식 날에 삼촌이 필요했습니다. 그리고 우리 둘 다 살아 있었을 때는 삼촌이 더 나은 모습이기를 바랐지만, 그 말을 삼촌에게 꺼낼 만큼 삼촌을 사랑하지는 않았어요. 더 자주 전화하거나 여름방학과 크리스마스에 고향에 갔을 때 올드 모턴 로드를 같이 거닐면서 이런 마음을 보여드릴 수도 있었을 테죠. 넓어진 도로들이나 우리 둘 다 고질라나 스타스크림과 싸우는 장면을 상상해봤던 죽어가는 큰 나무들에 관해 함께 궁금증을 나눌 수도 있었을 테죠. 어떤 조카와 삼촌 사이에서는 그러듯이, 농담 따먹기를 하고 짓궂은 말을 주거니 받거니 할 수도 있었을 테고요.

그랬더라면, 우리가 정말로 신경을 썼더라면, 어쩌면 용기를 내어 서로의 사는 방식을 걸고넘어졌을 수도 있었겠죠.

급기야 제가 이렇게 말할 수도 있었을 거예요. "지미 삼촌, 그놈의 크랙 코카인과 증오심 때문에 익사하겠어요. 웃어도 감정이 텅 비어 있다고요. 사랑하고, 꼭 살아주셔야 해요." 그러면 삼촌은 이렇게 대꾸했을 수도 있겠죠. "조카야, 익사하는 방법은 한 가지만이 아니야. 너도 꽤나 젖어 있는 것 같은걸. 나는 내가 그 물에 잠겼다는 걸 알아. 너는 어디쯤 있는지 아니?"

하지만 이런 말들은 입 밖으로 나온 적이 없어요. 우리는 말은 했어도 서로를 제대로 마주하지는 않았죠. 그랬기에 우리의 모든 대화는 서로에 관한 추측 외에는 그 어떤 유의미한 반향도 만들어내지 못했어요. 삼촌이 죽기 전 크리스마스에 제게 했던 마지막 말은 "네가 아무리 옳은 일을 많이 하려고 애써도 백인들은 자기들이 우리의 주인이었다는 사실을 깜둥이가 기억하게 하려고 갖은 노력을 다하지"였어요. 이 말 뒤에 침묵이 이어졌고, 저는 기계적으로 고개를 끄덕이면서 뜨뜻미지근한 "네, 무슨 말씀인지 알아요"라는 대답으로 그 침묵을 메웠어요.

하지만 그 시점에서 저는 삼촌을 잘 안다고 믿었습니다. 삼촌이 웃고, 바보인 척 연기하고, 크랙 코카인과 술에 의존하고, 삼촌 못지않게 절망적인 여자들을 교묘하게 조종하는 방식으로 미시시피의 흑인 남자로서 가석방된 삶의 무게에 대처한다고 생각했어요. 그리고 저 역시도 거의 같은 방식으로 대처하기 시작했다는 걸 삼촌이 알고 있으리라 생각했어요. 삼촌과 저 사이에 다른 점이 있었다면 저는 글과 말의 가능성에 푹 빠져들었다는 점이죠. 저는 단어들을 사용해 삼촌이 읽고 듣고 보고 싶어할 것 같은 이야기와 에세이, 소설을 창작했어요. 글을 써서 먹고 살게 될 줄은 상상도 못했지만, 삶의 수면 아래위를 정처 없이 누비기 위해 언제까지나 글쓰기가 필요하리라는 것만은 확신했어요.

삼촌이 읽고 듣고 보기를 원했거나 필요로 했을지 모르는 글을 쓰고 있지 않을 때면, 제 상상 속에서 삼촌을 만들어냈습니다. 그 상상 속의 삼촌은 슬프게도 제가 현실에서 삼촌에게 허락한 것보다 더 흥미롭고 사랑으로 충만한 모습이었죠. 삼촌은 수천 개의 문단과 수백 가지 장면에 영감을 주었지만, 저는 삼촌에게 단 하나의 문장도 보여준 적이 없었어요. 삼촌이 제가 쓴 글을—허영심의 발로—반짝거리고 자기 만족적인 시간 낭비라고 생각한다는 것을 확실히 알게 될까봐 두려웠어요. 하지만 그보다도 제가 삼촌이 사람으로 더 잘 살아가기를 바란다는 걸 알게 하고 싶지 않았어요.

실재하는 삼촌에게서 제가 결코 되고 싶지 않은 사람의 모습을 보았다는 것을 삼촌이 알아채는 것이 싫었어요. 기껏해야 헛된 경외나 격렬한 혐오만 받을 만한 가석방 상태의 무기력한 '깜둥이', 몇 라운드 잘 싸운 뒤에 백인 우월주의와 별스러운 다문화주의에 몇 번이고 궁둥짝을 두들겨맞는 싱글거리는 '깜둥이'의 모습 말이에요. 지미 삼촌, 저는 삼촌이 자신을 서서히 죽이고 있다는 걸 알았어요. 그리고 예상하건대 저도 삼촌처럼 될 거라는 걸 알았어요.

그런 이유로 삼촌과 저 둘 다 싫었습니다.

이것은 부끄러운 시인입니다. 할머니와 엄마, 수 이모, 린다 이모의 특징을 부분적으로 가져온 제 글 속의 여성 캐릭터들이 모두 실제 모델들보다 감동과 원숙함과 역설의 정도가 훨씬 덜하다는 점까지 인정한다면, 도무지 떨칠 수 없는 죄책감으로 더더욱 씁쓸해지는 고백이죠. 그리고 이 문제는 제 글보다는 이 사람들을 향한 저의 사랑과 이해, 우리의 서로를 향한 사랑과 이해와 더 관련이 있습니다. 저는 우리 집안의 이 여성들에게 질문을 던질 만큼 그들을 사랑했습니다. 그들은 제 질문들에 답해줄 만큼 저를 사랑했고, 그들 나름의 질문을 던질 때도 많았습니다. 저는 그들에게 편지를 썼고, 그들은 답장을 주었어요.

메아리.

솔직히 제가 삼촌에게 제대로 질문을 한 적이 있는지조차 모르겠습니다. 제가 열 살 때 삼촌이 베트남에서 찍은 사진들에서 왜 그리도 행복해 보였는지, 그리고 제가 스물네 살 때 대학원에 저를 태우러 왔을 때 왜 "세상에는 괜찮은 X들이 제법 있어"라고 말했는지 물은 것 말고는요.

어떤 단락의 정해진 틀에 맞춰서 삼촌을 모델로 한 흥미로운 미국인 캐릭터들을 만들어냈다고 해서 제가 가증스러운 사람이 되지는 않아요. 그저 제가 미국 작가라는 걸 보여줄 뿐이죠. 저를 가증스러운 사람으로 만드는 지점은, 우리가 글을 쓸 때 대상으로 삼는 독자층을 확장하고 그렇게 확장된 독자층이 비상한 상상력과 마법, 탁월함을 발휘해 답장을 써주기를 희망함으로써 미국 문학의 범위와 감수성, 생성력을 확대하는 것이 미국 작가들의 책무 중 하나라는 점에 있습니다.

메아리.

볼드윈이 말했듯이 "이른바 약속의 땅에 억류된 포로"로 태어난 데 따르는 두려움과 경이를 제대로 탐구하기는 어렵습니다. 그 포로들을 단순히 내가 쓴 글의 소비자나 대상이 아니라 매우 중요한 비평가로 보지 않는 한은요. 제가 삼촌 앞으로 이 책을 쓰기 시작한 건 삼촌이 돌아가시기 전부터였어요. 당시 저는 메아리가 절실히 필요했고, 내가 사는 길은 나 자신을 죽이도록 돕고 있는 것을 통해 글을 쓰는 방법뿐이라고 확신했어요. 지미 삼촌, 삼촌이 이 책을 읽을 수 있었다면, 그뿐만 아니라 우리에게 답장을 써줄 수 있었다면 얼마나 좋을까요.

어쨌든 바보가 아닌 이상 누구나 적극적으로 후회하는 법이니까요. 우리가 아프리카인도 평범한 미국인도 아니고 인간 이하이지도 초인적이지도 않으며 비극적이지도 희극적이지도 않고 패배하지도 승리하지도 않았다는 불편한 현실을 과감히 받아들일 수 있었다면 좋았을 거예요. 우리가 흑인이고 남부 사람이라는 사실은 영원한 짐인 동시에 혜택이기도 하며, 우리의 남성성과 여성성은 그저 감수해야 하는 것이 아닌 중요하게 고려해야 하는 대상이라는 인식을 명확히 드러낼 수 있었다면 좋았을 거예요.

하지만 다른 무엇보다도, 우리가 엉망진창이며 항상 이 나라의 대다수는 우리가 그런 상태이기를 원했지만, 그래도 아름다움과 건강, 연민, 시민성, 미국적 상상력으로 향하는 새로운 길을 마음에 그리는 것이 우리의 선생님들과 우리의 아이들에 대한 의무라고 삼촌이 말해줄 수 있었다면 얼마나 좋았을까 생각해요. 죽는 날까지 사랑하고 유의미한 개선을 주장하는 것이 서로에 대한 우리의 의무라고요.

삼촌의 살아생전에 제가 이런 말을 해드리는 게 필요했어요. 삼촌이 이런 걸 보여주시는 게 필요했어요. 이런 걸 믿는 데는 도움이 필요하니까요.

어느 날 저녁, 『기나긴 분열』의 수정 작업을 하다가 삼촌이 내 아버지가 아니라는 사실에 하나님께 감사했어요. 삼촌처럼 지독히도 고통에 시달린 누군가를 내 삼촌이라고 부를 수 있다는 점에서 세상에서 가장 운좋은 조카가 된 기분을 느꼈죠. 경고 신호가 되어준 삼촌이 없었다면 과연 제가 어떤 사람이 되었을까 하는 생각이 들었어요. 삼촌에게 사랑한다고 말했더라면 삼촌의 삶이 어떻게 달라졌을까 하는 생각도 했고요. 만약 삼촌이 저를 진정으로 믿었더라면 삼촌이 사는 방식이 어떻게 달랐을 것 같으세요? 그랬더라면 우리 둘은 어떤 감정을 느꼈을까요? 삼촌이 저에게 진심어린 편지를 쓴다면, 어떤 말로 편지를 시작하고 끝맺으시겠어요? 어떤 감각에 집중하면서 편지를 쓰시겠어요? 어떤 새로운 걸 발견하실 것 같으세요?

  지미 삼촌, 제가 아무리 이 말들을 변형하고 기억과 상상 속에서 엉망으로 뒤얽혀 있는 덩어리를 짜낸다 해도 우리는 절대 알 수 없겠죠. 이 책은 몇 년은 늦어버린 러브레터입니다. 사랑하지 못해서 죄송해요.

조카 키에스 드림

지미 오빠에게,

　오빠는 저세상으로 떠났지만, 우리는 여전히 오빠가 곁에 있다고 느끼며 오빠를 위해 기도해. 오빠의 동생 린다는 "어이 동생, 라스베이거스 생활은 어때?"라면서 오빠가 건네던 인사를 그리워해. 오빠가 부르던 블루스곡을 듣던 날을 그리워해. 오빠 동생 메리는 오빠의 얼굴과 걸음걸이, 여름용 샌들을 좋아하던 모습을 그리워해. 오빠가 해주던 포옹, 크리스마스 선물을 고를 때 오빠의 형편없던 안목을 그리워해. 엄마가 오빠를 다시는 못 보게 된 걸 슬퍼하고, 오빠의 죽음으로 엄마의 씩씩하던 회복력이 얼마간 사라져버린 게 틀림없다고 말해. 꼭 그런 건지 나는 잘 모르겠어. 오빠가 세상을 떠난 뒤로 엄마가 예전보다 약해지기는 했어. 그건 확실해. 하지만 오빠가 떠난 뒤로 우리 모두 예전보다 약해졌어. 우리 조카 키에스는 오빠의 유령을 곁에 두고 살아간다고 생각하더라. 그래서 그 애에게 오빠의 영혼은 언제나 그 애와 함께였다고 말해주려고 해.

나는 오빠가 살아 있을 때보다 죽고 나서 오빠에 관해 더 많이 알게 됐어. 오빠가 같이 크랙 코카인을 피우던 젊은 여성분이 예수님을 알게 돼서 우리 교회의 신도가 되었다는 사실도 몰랐어. 과거에 두고 떠난 인연에게 우리 삶이 어떤 영향을 미치게 될지 참 모를 일이야.

나는 오빠가 나나 우리 가족을 사랑한다는 걸 한 번도 의심한 적 없어. 오빠가 우리를 사랑한다는 건 분명했어. 다만 오빠 자신을 사랑하는지 확신할 수 없었을 뿐이지. 인생은 같은 일을 되풀이하는 경향이 있어.

언젠가 오빠가 병원 침대에 누워서 이런 말을 했었지. 오빠를 취하게 하는 건 크랙 코카인이라기보다 섹스라고. 그날 나는 자기 삶을 소중히 여기지 않는 오빠에게 분노하고 실망해서 자정이 지난 시간에 병원을 나왔어. 오빠에게는 이렇게 말했어. "오빠도 자기 자신을 신경 안 쓰는데 내가 왜 신경써야 해?" 병원 밖으로 나오면서 오빠를 돕기 위해 내가 뭘 할 수 있을까 생각했어. 그랬더니 하나님이 답을 주시더라. "그를 사랑해라. 그에게 훌륭함을 요구하고, 그런 뒤엔 나에게 맡기거라." 그날 밤 난 오빠에게서 또하나의 교훈을 얻었어. 사랑에는 용서와 진실, 높은 기대, 인내심이 필요하다는 것을.

그날 밤 오빠는 내게 아주 중요한 것을 깨닫게 해줬어. 수용과 이해가 없는 사랑은 사랑이 아니라는 걸 가르쳐줬지. 다음 날 아침에 나는 앞으로 어떤 경우에도 오빠에게 돈을 주지 않겠다고 말했어. 오빠가 배고프다면 먹을 것을 주고, 외롭다고 하면 성경 말씀과 응원의 말을 들려주겠지만, 마약을 사라고 내가 힘들게 번 돈을 주지는 않겠다고 말이야.

오빠는 오빠 마음속의 악마와 싸웠어. 오빠의 조카와 나도 여전히 우리 안의 악마와 싸우고 있고. 오빠와 알고 지내던 그 젊은 여자분이 자정을 조금 넘긴 시간에 울면서 나한테 전화를 했어. 오빠에 관해 알려주고 싶다면서. 그 여자분 말이, 오빠가 약에 취해 있을 때 자기더러 인생을 되찾고 아이들도 되찾으라고 격려해줬다더라. 이런 말도 했어. "지미 씨는 좋은 남자였어요. 사람들을 도와주려고 노력했죠. 하지만 사람들은 종종 지미 씨의 친절을 약점으로 여겼어요." 오빠가 자기 아이들에게 옷을 사주라고 돈을 줬고, 아이들을 잘 키우고 아이들에게 좋은 본을 보이는 게 얼마나 중요한지 조언해주기도 했다고 했어.

그 여자분은 오빠의 조언을 받아들였어. 이제 약을 끊고 아이들과 같이 살고 있어. 인생은 때로 힘든 싸움이지만, 이제 그분은 제대로 살아보기로 마음먹었어. 오빠가 그분의 인생을 변화시킨 거야. 그리고 오빠는 내 삶도 변화시켰어.

우리가 마지막으로 얘기했을 때 오빠가 더는 백인들을 싫어하지 않는다고 말해서 정말로 기뻤어. 살면서 처음으로 오빠가 마음의 평화를 얻은 것처럼 보였어. 오빠 자신이나 엄마, 가족과의 관계에서도, 그리고 하나님과의 관계에서도 평화를 찾은 것 같았어.

너무 빨리 나이들어버려서 얼굴 주름 하나하나에 삶의 스트레스가 새겨져 있던 사람 같아 보이지 않았어. 폐와 심장 기능이 90% 미만인 사람처럼 보이지 않았어. 어떻게 된 일인지 몰라도 오빠의 젊음이 되돌아온 것 같았어. 존엄이 되살아나 있었고, 오빠가 평생 되고 싶어했던 그런 사람이 되어 있었어. 외모도 젊은 시절의 잘생긴 오빠 같았어. 그날, 7월 4일에 헤어지면서 잘 가라고 인사할 때 메리 언니가 이런 말을 했었어. "지미 오빠가 곧 죽으려는 것 같아?" 그 말에 대꾸하지는 않았지만, 오빠의 삶이 끝자락에 다다랐다는 확신은 들었어.

어느 날 보훈병원을 막 나서려던 참에 오빠가 나더러 자기 장례식에서 설교를 맡아줬으면 좋겠다고 말했어. 나는 오빠에게 미쳤냐면서, 그럴 일은 절대로 없다고 대꾸했고. 음, 사랑과 하나님의 힘이 무슨 일을 가능하게 할지 알 수 없는 노릇이야.

7월 12일에 나는 내 형제가 누워 있는 관을 곁에 서서 들여다봤어. 그날 나는 오빠의 여동생이라는 옷을 벗고 하나님의 사절이라는 예복을 갖춰 입었어. 그러고는 힘든 싸움을 치르며 이

기기도 지기도 했던 남자, 크랙 코카인이 가득 든 파이프에 매여 있는 동안에는 종종 지독한 외로움에 삶을 직시할 수 없었던 남자가 품었던 희망을 사람들에게 전했지. 오빠네 집을 정리하다가 오빠의 일기장을 발견했어. 오빠가 남긴 말들을 읽으면서, 어찌 표현할 도리가 없는 방식으로 오빠의 고통을 느꼈어. 살아생전에는 제대로 표현하지 못했던 마음을 일기장으로 우리에게 전해줬어. 오빠가 남긴 글은 오빠의 조카에게 더없이 큰 의미였어. 오빠는 이렇게 썼어. "나는 어머니의 돈을 훔치고 여동생들에게 상처를 줬다. 이런 짓을 그만하고 싶지만, 어떻게 해야 할지 모르겠다." 다른 페이지에는 이런 글도 있었어. "대체 나는 어떤 사람이 되어버린 걸까. 신이시여, 도와주세요."

오빠는 마음이 선한 사람이었지만 그 마음을 안전하게 지키지 못했어. 이런 이유로 오빠는 자신을 서서히 죽였던 거야. 마음이야말로 한 사람을 판단하는 진정한 척도야. 나는 오빠를 사랑했고, 오빠도 분명 내가 사랑한다는 걸 알았을 거야. 우리는 모두 무엇엔가 중독되어 있어. 개중에 더 확연히 드러나는 중독이 있을 뿐이지. 우리는 모두 죽어가고 있지만, 모두 살아가고 있기도 해. 중요한 건 최대한 존엄을 지키면서 살고, 내가 삶을 포기했다는 이유로 절대 다른 사람들까지 낙담하게 해서는 안 된다는 점이야. 오빠의 할일은 끝났지만, 오빠의 가치는 계속해서 드러나고 있어. 오빠의 인생은 헛되지 않았어. 오빠는 변화를 가져왔어. 오빠는 우리 엄마가 또 하루를 살아낼 힘과 용기를 찾게 해주었고, 오빠의 말은 엄마가 자신의 삶을 바꾸는 계기가 되었지. 난 그게 바로 우리의 가치를 보여주는 진정한 척도이자 하나님이 우리를 이 땅에 보내신 이유라고 생각해. 지금까지 우리는 도움의 손길을 내밀고, 마음을 건네고, 말을 전하고, 노래를 들려주고, 절망을 이기는 희망을 주면서 다른 이들의 삶을 나아지게 했을까? 그리고 무엇보다 사랑이라는 선물을 항상 나눠왔을까? 우리는 망가져 있을지도 모르지만, 하나님은 망가진 마음과 영혼을 고치는 방법을 알고 계셔. 나는 오빠를 알아서 더 나은 사람이 되었고, 그 과정에서 여러 교훈을 얻을 수 있어서 고맙게 생각해. 엄마가 오빠를 보고 싶어해. 오빠가 우리를 떠난 건 어쩔 수 없는 일이었단 걸 알아. 그래도 엄마를 떠나야만 했던 게 너무 슬프다.

언제나 사랑해,
동생 수가

저자 소개

1974년 미국 미시시피주 잭슨에서 태어났다. 남부 출신 흑인 작가로, 미국 사회의 위기와 차별, 학대가 남긴 고통과 불안을 개인적 경험과 치열한 지성의 언어로 기록해왔다. 장편소설 『기나긴 분열』과 에세이 『헤비』 『미국에서 자신 그리고 다른 사람들을 서서히 죽이는 방법』 등을 출간했으며, 특히 『헤비』로 미국 문학계의 주목을 받았다. 2020~2021년 하버드대학교 래드클리프 펠로십을 받았으며, 미시시피주립대 문예창작과 교수를 거쳐 현재 텍사스 라이스대학교 영문학 교수로 재직중이다.

미국에서 자신 그리고 다른 사람들을
서서히 죽이는 방법

초판 1쇄 인쇄 2025년 9월 16일
초판 1쇄 발행 2025년 9월 26일

지은이 키에스 레이먼
옮긴이 이은주

편집 황도옥 이희연 이고호 디자인 최효정 마케팅 김다정 박재원
브랜딩 함유지 박민재 이송이 박다솔 조다현 김하연 이준희 복다은
저작권 박지영 형소진 주은수 오서영 조경은 모니터 이원주
제작 강신은 김동욱 이순호 제작처 천광인쇄소

펴낸곳 (주)교유당 펴낸이 신정민
출판등록 2019년 5월 24일 제406-2019-000052호

주소 10881 경기도 파주시 회동길 210
전화 031-955-8891(마케팅) 031-955-2680(편집) 031-955-8855(팩스)
전자우편 gyoyudang@munhak.com

홈페이지 www.gyoyudang.com
인스타그램 @gyoyu_books 트위터 @gyoyu_books 페이스북 @gyoyubooks

ISBN 979-11-94523-80-2 03840

○ 교유서가는 (주)교유당의 인문 브랜드입니다.
  이 책의 판권은 지은이와 (주)교유당에 있습니다.
  이 책 내용의 전부 또는 일부를 재사용하려면 반드시 양측의 서면 동의를 받아야 합니다.